国家社科基金（批准号：14BJY102）
湖南省"双一流"培育学科农林经济管理学科

湖南农业大学经济学院学术文库

新型城镇化进程中农业转移人口的土地退出机制与实现途径研究

Research on the Land Withdrawal Mechanism and Realization Way of Agricultural Transfer Population in the Process of New Urbanization

唐　浩◎著

经济管理出版社
ECONOMY & MANAGEMENT PUBLISHING HOUSE

图书在版编目（CIP）数据

新型城镇化进程中农业转移人口的土地退出机制与实现途径研究/唐浩著．—北京：经济管理出版社，2020.9

ISBN 978 – 7 – 5096 – 7538 – 0

Ⅰ.①新…　Ⅱ.①唐…　Ⅲ.①农业人口—城市化—关系—农村—土地制度—研究—中国　Ⅳ.①C924.24 ②F299.21 ③F321.1

中国版本图书馆 CIP 数据核字（2020）第 167249 号

组稿编辑：曹　靖
责任编辑：曹　靖　郭　飞
责任印制：赵亚荣
责任校对：王纪慧

出版发行：经济管理出版社
　　　　　（北京市海淀区北蜂窝 8 号中雅大厦 A 座 11 层　100038）
网　　址：www. E – mp. com. cn
电　　话：（010）51915602
印　　刷：唐山昊达印刷有限公司
经　　销：新华书店
开　　本：720mm × 1000mm/16
印　　张：11.5
字　　数：161 千字
版　　次：2020 年 11 月第 1 版　　2020 年 11 月第 1 次印刷
书　　号：ISBN 978 – 7 – 5096 – 7538 – 0
定　　价：78.00 元

前　言

　　城镇化是经济持续健康发展的强大引擎，是现代化的必由之路，也是人类社会发展的客观趋势。新型城镇化的核心是人的城镇化。在中国当前发展阶段，农业转移人口市民化是新型城镇化的首要任务。在推进新型城镇化的过程中，处理好农业转移人口的土地退出问题意义重大：一是有利于保障农业转移人口的合法权益，提高农民收入，实现农业现代化；二是有利于推进农业转移人口市民化，提升城镇化的质量；三是有利于促进国家的长期经济增长，社会的长治久安。本书利用实地调查法、案例研究法和模型分析法，结合定性和规范的分析，研究了新型城镇化与农业转移人口土地退出的相关性，阐述了农业转移人口土地退出的政策演变，对农业转移人口退出土地进行了理论分析和实证研究，借鉴了发达国家和地区农业转移人口土地退出的经验，最后构建了新型城镇化进程中农业转移人口土地退出机制，提出了新型城镇化进程中农业转移人口土地退出的实现途径。

　　研究发现：①推进新型城镇化会促进农业转移人口退出土地，农业转移人口退出土地会推动新型城镇化的进程与发展。人口城镇化率与耕地流转率的相关系数为 0.985，户籍城镇化率与耕地流转率的相关系数为 0.926，都具有非常显著的统计学意义。②农业转移人口土地退出的政策演变呈现三个特点和规律：一是政策对农民土地产权的保护越来越严格，农民的土地权利越来越完整；二是政策的演变既是为了满足现实的需要，更是为了实现政府的目标；三是政策的演变是渐进性的，演变还将继续。③权利界定是农业转移人口土地退出的前提。界定农业转移人口的集体成员资格是界定农业转移人口土地权利的重要内容。界定集体成员资格须由国家和村庄集体共同来完成。界定集体成员资格的基本标准：一是户籍；二是以土地为基本生活保障；三是在村庄有较为固定的生产和生活。现阶段，土地对于农业转移人口来说依然具有就业、居住、保障和财产四种功能，农业转移人口退出土地面临诸多约束：一是农业转移人口城镇化面临所有家庭成员顺利落户、稳定住所、子女入学和社会保障等方面的约束；二是农业转移人口退出土地面临如何退出、如何补偿等土地退出机制方面的约束；三是土地退出还面临着诸如宅基地确权登记、其他集体土地成员权如何退出等法律政策方面的约束。本书由此建立了农业转移人口退出土地的经济学分析框架。农业转移人口也是理性人，只有退出土地的预期收益高于保有土地的预期收益，农业转移人口才会退出土地，不然会倾向于保有土地。④当前农业转移人口对耕地的处置方式主要有三种：一是由家庭留守人员耕种；二是流转出租；三是抛荒。调查样本中耕地抛荒占比10.1%。宅基地的处置方式也有三种：一是家庭留守人员居住；二是出租；三是闲置。出租很少，调查样本中宅基地闲置占比19.1%。当前试点地区农业转移人口土地退出的经验做法，无论从效率还是公平的角度都有较大的提升空间；无论是耕地还是宅基地，农业转移人口愿意退出的比例都是较低的，愿意退出耕地的比例是15.9%，愿意退出宅基地的比例只有9.2%。耕地抛荒的农业转移人口更不愿意退出耕地，换工作更频繁的农业转移人口更愿意退出耕地，未来预期在城镇居住的农业转移人口更愿意退出耕地。家里有老人的农业转移人口更不愿意退出宅基地，宅基地面积越大的农业转移人口越不愿意退出宅基地，受教育程度越高的农业转移人口越不愿意退出宅基地。认为耕地和宅基地归农民个人所有的农业转移人口更不愿意退出耕地和宅基地，健康状况不好的农业转移人口更愿意退出耕地和宅基地。⑤日本、韩国和中国台湾地区在推进新型城镇化进程中农业转移人口土地退出的经验值得借鉴，如政府对农业转移人口退出土地有严格的管制、政府的管制政策随着发展阶段的变化而变化、农业转移人口土地退出政策的制定和调整要注意政策的整体性和均衡性、金融在农业转移人口土地退出中扮演着重要角色、可以考虑老年农民退休支持计划等。

研究认为：①在推进新型城镇化进程中，要构建科学合理的农业转移人口土地退出机制。土地退出机制包括退出的主体和客体、退出的原则和目标、退出的方式和程序、退出的补偿方式和补偿标准等。土地退出的主体是拥有土地权利的退出方和接受土地权利转让的接受方，客体是耕地的承包权、宅基地的资格权和使用权（含住房所有权）以及其他集体土地成员权。土地退出的原则包括自愿有偿、政府有为、发挥市场机制、渐进稳妥。土地退出的方式包括市场化退出和非市场化退出，程序一般包括提出申请、审核批准、协商价格或价值评估、签订协议、兑付价款或支付补偿、变更登记或注销登记六步。土地退出的补偿方式包括货币化补偿和非货币化补偿，货币化补偿标准通常采用征地标准、土地收益贴现标准和评估标准；非货币化补偿标准包括实物补偿（宅基地（包含住房）的面积置换、家庭人口数量置换、通过货币中介置换）、福利补偿和有价证券补偿。②需要从中央政府、地方政府、集体经济组织和第三方机构四个层面，建立和完善农业转移人口土地退出的实现途径。中央政府需要继续推进产权界定、制定土地退出的总体方案、实施相关制度创新、完善土地退出政策保障和成立土地金融机构；地方政府需要落实产权界定、编制土地退出的地方方案、落实退地农户的社会保障；集体经济组织需要组织和实施产权界定、协调和服务土地退出、监管和审查土地退出、发展和壮大集体经济；第三方机构需要提供土地价值评估、土地资金融通、土地产权仲裁和司法裁判等服务。

目　录

第一章　导论

城镇化是经济持续健康发展的强大引擎，是现代化的必由之路，也是人类社会发展的客观趋势。新型城镇化的核心是人的城镇化，就当前中国发展阶段来说，新型城镇化主要是农业转移人口市民化。土地是农业转移人口的最大财产，发挥着基本的社会保障功能，农业转移人口是否退出土地、如何退出土地，事关新型城镇化的进程和路径。

第一节　研究背景与研究意义

一、研究背景

2018 年，按照常住人口的统计标准，中国城镇化率为 59.58%，但按户籍人口计算我国的城镇化率只有 43.37%①，有近 2.26 亿农业转移人口常年工作

---

① 数据来源：《中国 2018 年国民经济和社会发展统计公报》。

和生活在城镇却不拥有城镇户籍。可以说，我国的城镇化是"半城镇化"。"半城镇化"带来了一系列的经济社会问题，如劳动力供给潜力不足、居民消费需求难以提高、农业生产方式难以转变、公共服务难以均等化、留守问题较为严重等。为改变这一状况，必须实施新型城镇化战略。2013 年中央召开城镇化工作会议，明确提出推进农业转移人口市民化是新型城镇化的首要任务。2014 年国家正式发布《国家新型城镇化规划（2014 – 2020）》，明确了未来我国城镇化的发展路径、主要目标和战略任务。2016 年国务院办公厅发布《推动 1 亿非户籍人口在城市落户方案》，要求户籍人口城镇化率每年平均提高一个百分点，年均转户 1300 万人以上，2020 年我国户籍人口城镇化率达到45％。近年来，国家为推进新型城镇化战略，实施农业转移人口市民化，放宽和完善了落户政策、"人地钱挂钩"配套政策，激励具备条件的农业转移人口落户城镇，激励地方政府积极吸纳农业转移人口落户当地城镇。在一系列政策措施的刺激和推动下，我国户籍人口城镇化率在逐年稳步上升，从 2013 年的36％提升到 2018 年的 43.37％①，提升了 7.37 个百分点。农业转移人口在城镇落户，是否退出土地、如何退出土地，既关乎新型城镇化战略的实施，更关乎农业转移人口的切身利益。

二、研究意义

本书研究具有一定的理论意义：首先，从理论上分析了新型城镇化与农业转移人口土地退出的关系。推进新型城镇化会促进农业转移人口退出土地，农业转移人口退出土地会推动新型城镇化的进程与发展。其次，从理论上分析了农业转移人口的土地权利界定。清晰和完整的土地权利界定是农业转移人口退

---

① 数据来源：《国家新型城镇化规划（2014 – 2020）》和《中国 2018 年国民经济和社会发展统计公报》。

出土地的前提。最后，从理论上构建了农业转移人口退出土地的经济学分析框架。农业转移人口也是理性人，只有退出土地的预期收益高于保有土地的预期收益，农业转移人口才会退出土地，不然会倾向于保有土地。

本书研究具有较强的实践意义。通过农业转移人口市民化推动新型城镇化，是国家既定的发展战略。本项目首先分析了推进新型城镇化进程中农业转移人口退出土地面临的制约因素，实证研究了农业转移人口退出土地的意愿及其影响因素；其次构建了推进新型城镇化进程中农业转移人口土地退出机制，为实践中农业转移人口如何退出土地提供了有针对性的参考意见；最后提出了推进新型城镇化进程中农业转移人口土地退出的实现途径，从中央政府、地方政府、集体经济组织和第三方机构四个层面提出了具体的政策建议。

第二节　基本概念界定

一、农业转移人口

农业转移人口是指从第一产业农业部门转移到第二产业和第三产业非农业部门就业的人口。根据2003年5月15日国家统计局印发的《三次产业划分规定》的通知，第一产业是指农、林、牧、渔业；第二产业是指采矿业、制造业，电力、燃气及水的生产和供应业，建筑业；第三产业是指除第一产业、第二产业以外的其他行业。本项目研究的农业转移人口是指进入城镇非农业部门就业的人口，不包括在乡村非农业部门就业的人口。这部分人口工作和生活在城镇，但并没有在城镇定居下来，户籍依然在农村。这部分人口和进入城镇务工的农民工基本重合。

二、农村土地

农村土地主要包括从事农业生产的农用地、建设用地和其他未利用地。根据《土地管理法》的规定，农用地主要包括耕地、林地、草地、农田水利用地和养殖水面等。建设用地主要包括宅基地、农村公共设施用地和水利设施用地等。未利用地是指农用地和建设用地以外的土地。本项目研究的土地主要包括三个部分：一是农业转移人口以家庭承包形式经营的耕地，包括水田和旱地；二是农业转移人口依靠集体成员资格获得的宅基地（包含住房）；三是农业转移人口作为集体成员拥有所有权但未分配给个人的其他集体土地。

三、农村土地退出

农村土地退出是指农业转移人口在城镇落户后，自愿有偿退出农村户籍所在地的土地。农业转移人口退出的农村土地从实物形态上来说，主要包括耕地、宅基地（包含住房）和其他集体土地；从产权形态上来说，主要包括耕地的承包权、宅基地的资格权和使用权（包含住房所有权）和其他集体土地成员权。耕地经营权的流转和宅基地使用权的流转不在农村土地退出范围之内，本项目没有进行研究①。

四、土地退出机制与实现途径

土地退出机制是指农业转移人口在城镇落户定居以后如何退出耕地、宅基地和其他集体土地。本项目将从土地退出的主体和客体、土地退出的原则和目标、土地退出的方式和程序、土地退出的补偿方式和补偿标准四个方面构建农

---

① 在构建农业转移人口土地退出机制时，还将对农业转移人口退出土地的实物形态特别是产权形态进行详细论述。

业转移人口土地退出机制。土地退出实现途径是指农业转移人口在城镇落户定居后能够实现顺畅退出土地的途径和措施。本项目将从中央政府、地方政府、集体经济组织和第三方机构四个层面提出农业转移人口退出土地的实现途径。

第三节　国内外研究现状

一、国内研究现状

（1）农业转移人口土地退出的意义及面临的约束。关于农业转移人口土地退出的意义，蔡昉（2013）、陶然等（2005，2011）认为，农业转移人口通过退出土地实现永久性迁移能够使农民完全城镇化，使劳动力资源实现优化配置；实现农村土地资源的优化配置，促进适度规模经营；能够促进经济持续增长等。但也有许多学者认为，当前农业转移人口退出土地也面临很大约束，比如土地依然是农民的社会保障，失去土地意味着失去保障、社会风险大，因此农民进城不可激进，农民进城是否放弃承包地完全应该由农民自己决定（贺雪峰，2013；陈会广，2012；陈锡文，2011；刘超，2018）。

（2）农业转移人口土地退出意愿及其影响因素。①耕地承包经营权退出意愿及其影响因素。一些学者根据抽样调查实证研究了农业转移人口的耕地承包经营权退出意愿。王丽双等（2015）通过对辽宁省铁岭市240份样本的调查，发现24.2%的样本具有耕地承包经营权退出意愿；高佳等（2016）通过对陕西省关中地区619份样本的调查，发现23.4%的样本具有耕地承包经营权退出意愿；王常伟等（2016）通过对沪、浙、苏三省市1208份样本的调查，发现34.85%的样本具有耕地承包经营权退出意愿；杨照东等（2019）研究发现，在多种补偿特别是养老、住房或教育补偿的条件下，能显著增加农业转移人口退出承包地的意愿。影响农业转移人口土地退出意愿的因素主要包括农业转移人口的职业和收入状况、对耕地的依赖程度、经济补偿程度、预期收益和机会成本等（罗必良等，2012；罗必良，2013；王丽双等，2015；高佳等，2016）。②宅基地退出意愿及其影响因素。陈霄（2012）通过对重庆市"两翼"地区1012份样本的调查，发现31.6%的样本愿意退出宅基地；傅熠华（2018）基于对全国2328份样本的调查，发现66.88%的样本愿意退出宅基地；沈昊婧等（2018）通过对河南省新乡市841份样本的调查，发现32.29%的样本愿意退出宅基地。影响农业转移人口宅基地退出意愿的因素主要包括宅基地（含住房）的面积、位置等状况、农业转移人口的人力资本、家庭人口和结构、经济补偿等（王兆林等，2018；王子坤等，2018；陈霄，2012）。还有一些学者研究了包括耕地承包经营权退出和宅基地退出在内的农业转移人口集体成员权退出问题以及整体退出农村问题（杨照东等，2019；傅晨等，2017）。

（3）农业转移人口土地退出方式和补偿标准。当前法律和政策规定，农业转移人口退出土地遵循自愿有偿的原则。①耕地承包经营权退出方式和补偿标准。高强等（2017）研究认为，耕地承包经营权退出可以有政策性退出、合作性退出和市场性退出三种不同的形式。对于耕地承包经营权的退出补偿既有货币化补偿，也有社会保障补偿。在货币化补偿中，通常的补偿标准一是征地标准；二是土地流转租金标准（张克俊等，2018；牛海鹏等，2019；王常伟等，2017）。当然也有学者提出，耕地承包经营权退出补偿需要考虑耕地的多种功能、农民的多种需求等（何盈盈等，2018；郑雄飞，2010）。②宅基地退出方式和补偿标准。对于宅基地退出方式，魏后凯等（2016）通过调查总结出宅基地换房、宅基地政府收储和市场化交易三种方式；刁其怀（2015）通过研究提炼出"双放弃"、地票交易、土地综合整治、宅基地收储和货币化补偿五种方式。对于宅基地退出补偿标准，吕军书等（2019）认为货币化补偿需要以高于当地商品房的价格补偿，实物补偿需要以高比例房屋面积进行置换。付文凤等（2018）认为，农村宅基地退出补偿既需要考虑宅基地退出机会成本，也需要考虑宅基地复垦后新增耕地的经济价值。

（4）试点地区农民土地退出经验及其评价。在2014年之前，一些地方政府推动了本区域农民变市民的实践，如浙江嘉兴、天津华明镇、重庆、成都等地。在处理农民土地问题上虽然各地具体做法不同，但承包地换保障、宅基地换房却是共通的。对此一些学者赞成，认为这种土地退出模式有利于推进城镇化进程，也有利于保护农民的利益（吴胜杰，2008；张红星等，2010；马小勇等，2004）。但也有一些学者反对，认为政府的角色应该主要是界定和保护产权，不是主导和直接参与土地交易，土地的处置应该由农民自己做主（陈锡文，2011；秦晖，2002；李力行，2012）。在2014年之后，国家明确提出了承包地和宅基地退出试点，如宁夏的平罗县、重庆的梁平县、江西的余江县、浙江的义乌市、安徽的金寨县等，都分别形成了与本地实际相结合的模式。这一阶段土地退出试点因为政策的变化，更多地引入了市场机制（魏后凯等，2016；余永和，2019）。

二、国外研究现状

国外学者对农业转移人口土地退出问题的研究主要从农村土地市场的角度进行分析。因为在国外，特别是发达国家，人口迁徙自由，土地私人所有，农业转移人口能将土地作为财产自由处置，如租赁或买卖。他们的研究主要集中在如下三个方面：

（1）影响农村土地市场的因素。许多学者实证研究发现，劳动力市场、资本市场、保险市场、交易费用、政府干预等因素会深刻影响农村土地租赁和买卖市场的运转。如因为农村劳动力市场的缺陷，对农业雇用工人的监督成本很高，家庭农场经营一般比大规模雇用经营更有优势，这会抑制农村土地市场交易。但信贷市场的不完善有可能会抵消掉家庭农场拥有的监督成本优势。运营资本的限制对土地销售市场甚至对土地租赁市场都有显著的影响，高昂的信贷交易成本可能会将小规模农户排除在信贷市场之外（Hayami and Otsuka，1993；Brummer and Loy，2000；Burgess，2001）。另外，对未来土地增值的预期、希望后代继承土地等因素也会影响农村土地市场的交易（Zollinger and Krannich，2002）。

（2）政府对农村土地市场的作用。许多国家的政府为了达到一定政治目的，对农村土地市场都有限制（Awasthi，2014）。如土地数量的上限、土地交易价格的上限等。实证研究表明，土地数量的上限可能有助于减少投机性土地的集中，但在分解大农场上效率很低，而且显著地降低了投资。规定土地交易价格的上限既不妥当也不容易实施，通常是无效的（Csaki，Valdes and Fock，1998；Deininger，Maertens and others，2002）。但政府通过出台相关政策措施能够促进农村土地市场的发育。如日本的综合农协为土地租赁买卖提供平台，法国成立土地银行和建立"土地整治和农村安置公司"，英国政府为土地市场主体建立了补贴制度等（关谷俊作，2004；克劳斯·丹宁格，2007）。

（3）对中国农村土地市场的研究。中国农村的土地是集体所有，国外学者认为，因为权利的不安全性意味着正式的土地买卖市场并不存在。中国农民土地转让权的缺失影响了农村土地市场的发育和农业人口的转移。近年来，随着经济的增长和非农就业机会的增加，中国农村的土地租赁市场发展迅速，这不仅有利于提高劳动生产率，合并土地还改善了土地过于细碎化的问题，极大地促进了效率和公平（Rozelle et al.，2002；Deiniger et al.，2008）。

三、述评

以上国内外研究文献为本项目研究提供了很好的基础和借鉴，但也存在以下不足：一是没有对农业转移人口的土地退出机制进行系统、科学的研究，不利于指导农业转移人口土地退出的规范运行；二是对农业转移人口土地退出的实现途径、政府的职能和作用还缺乏全面深入的研究；三是典型地区的实践和经验研究主要针对本地区农民变市民的土地退出问题，跨地区特别是跨省农民变市民的土地退出问题还缺乏深入研究；四是现有研究在农民土地退出意愿、退出方式、土地的社会保障程度等方面还存在争议和疑问。

第四节　研究内容与研究方法

一、研究内容

本书研究内容安排如下：

第一章是导论，阐述了研究背景与研究意义，界定了研究的基本概念，对国内外研究现状进行了综述，对研究内容进行了具体安排，对研究方法进行了论述。

第二章是新型城镇化与农业转移人口土地退出的相关性分析，从理论和实证的角度研究了新型城镇化与农业转移人口土地退出的相关性。

第三章是新型城镇化进程中农业转移人口土地退出的政策演变，阐述了农业转移人口土地退出的法律与政策变迁。

第四章是农业转移人口土地退出的理论分析，从产权界定、土地功能和制约因素三个方面分析了农业转移人口退出土地面临的主要理论问题，最后建立了一个农业转移人口土地退出的经济学分析框架。

第五章是农业转移人口土地退出的实证研究，分析了当前农业转移人口土地处置的现状，阐述了试点地区农业转移人口土地退出的经验做法，计量分析了农业转移人口退出耕地和宅基地的意愿及其影响因素。

第六章是发达国家及地区农业转移人口土地退出的经验与借鉴，研究了日本、韩国和中国台湾地区农业转移人口土地退出的经验做法以及对中国的启示。

第七章是新型城镇化进程中农业转移人口土地退出机制的构建，从土地退出的主体和客体、土地退出的原则和目标、土地退出的方式和程序、土地退出的补偿方式和补偿标准等方面构建了农业转移人口土地退出机制。

第八章是新型城镇化进程中农业转移人口土地退出的实现途径，从中央政府、地方政府、集体经济组织和第三方机构四个层面提出使有意愿退出土地的农业转移人口能够顺畅退出土地的途径和措施。

二、研究方法

（1）实地调查法。通过实地调查了解新型城镇化进程中农业转移人口土地处置现状，了解农业转移人口的土地退出意愿，了解集体经济组织对农业转移人口土地处置的态度、集体经济组织财务状况等。

（2）案例研究法。对试点地区农业转移人口退出土地的具体做法、存在问题进行详细的案例研究，并提炼出典型经验，为构建农业转移人口土地退出机制和提出农业转移人口土地退出实现途径提供借鉴。

（3）模型分析法。用三分类定序 Logistic 模型估计农业转移人口土地退出的影响因素。

（4）定量分析和定性分析相结合的方法。本项目从总体来看，都要运用定量分析和定性分析相结合的方法，但在新型城镇化与农业转移人口土地退出的相关性、农业转移人口土地退出意愿及其影响因素、土地退出目标估算等方面将侧重定量分析，在构建土地退出机制和实现途径方面将侧重定性分析。

第二章　新型城镇化与农业转移人口土地退出的相关性分析

新型城镇化与农业转移人口土地退出呈现相关性。推进新型城镇化会促进农业转移人口退出土地，农业转移人口退出土地会推动新型城镇化的进程与发展。

第一节　新型城镇化会促进农业转移人口退出土地

2018 年，按照常住人口的统计标准，中国城镇化率为 59.58%，但按照户籍人口统计标准，中国的城镇化率只有 43.37%[①]。这说明中国有 16.21% （2.26 亿）的人口常年工作和生活在城镇，但户籍依然在农村，这部分人实质上没有城镇化，因为他们没有在城镇落户，没有市民化，不能享有城镇居民的福利待遇。这部分人的主体就是农业转移人口（还包含他们的家属）。根据国

---

① 数据来源：《中国 2018 年国民经济和社会发展统计公报》。

家统计局发布的《2018 年农民工监测调查报告》，2018 年全国农民工（农业转移人口）总量为 2.89 亿，其中在乡内就地就近就业的本地农民工为 1.16 亿，到乡外就业的外出农民工为 1.73 亿。在外出农民工中，进城农民工为 1.35 亿。如何让这部分进城农民工实现市民化是推进新型城镇化的关键。现在，大部分进城农民工的生产生活方式是农民工自己进城务工赚取工资性收入，其家人（包含妻子、小孩和老人）在农村老家务农赚取农业经营收入，农民工在城镇和农村来回迁徙。农业转移人口这种"半城镇化"状态带来了一系列的经济社会问题，如劳动力供给潜力不足、居民消费需求难以提高、农业生产方式难以转变、公共服务难以均等化、留守问题较为严重等。为改变这一状况，需要推进农业转移人口市民化，实施新型城镇化战略。

2013 年 12 月 12 日，中央召开城镇化工作会议，会议提出了推进城镇化的主要任务。其中，推进农业转移人口市民化，解决好人的问题是推进新型城镇化的关键。2014 年 3 月 5 日，李克强总理在十二届全国人大二次会议上作政府工作报告时指出："今后一个时期，着重解决好现有'三个 1 亿人'问题，促进约 1 亿农业转移人口落户城镇，改造约 1 亿人居住的城镇棚户区和城中村，引导约 1 亿人在中西部地区就近城镇化。"2014 年 3 月 16 日，国家正式发布《国家新型城镇化规划（2014 - 2020）》。2016 年 9 月 30 日，国务院办公厅发布《推动 1 亿非户籍人口在城市落户方案》。国家为推进新型城镇化出台了一系列的政策措施。首先是落户政策。除极少数超大城市外，全面放宽农业转移人口落户条件。2019 年 3 月 31 日，国家发改委发布《2019 年新型城镇化建设重点任务》进一步明确指出，继续加大户籍制度的改革力度，在原来城区常住人口 100 万以下的中小城市和小城镇已取消落户限制的基础上，城区常住人口 100 万~300 万的 II 型大城市要全面取消落户限制；城区常住人口 300 万~500 万的 I 型大城市要全面放开放宽落户条件，并全面取消重点群体（主要是农业转移人口）落户限制。其次是深化落实"人地钱挂钩"等配套政策。

一是中央政府加大了对农业转移人口市民化的财政支持力度并建立了动态的调整机制；二是建立了财政建设资金对农业转移人口市民化较多的城市基础设施投资的补助机制；三是建立了农业转移人口落户数量与城镇建设用地增加规模挂钩机制。最后是完善对进城落户农民的公共服务和社会保障。在国务院办公厅发布的《推动1亿非户籍人口在城市落户方案》中明确提出，要将进城落户农民完全纳入城镇住房保障体系，落实进城落户农民参加城镇基本医疗保险政策和城镇养老保险政策，保障进城落户农民子女享有平等的受教育权利。在一系列政策措施的推动下，中国户籍人口城镇化率在稳步上升，由2013年的36%上升到2018年43.37%①，上升了7.37个百分点。

现在，农业转移人口市民化后是否退出土地遵循自愿有偿的原则，但农业转移人口进城落户后会促进他们退出土地。一是因为进城落户的农民可以和城镇居民享受一样的公共服务和社会保障，土地保障功能的下降和消除会促进农业转移人口转让退出土地。二是因为进城落户的农民全家定居城镇，主要在城镇工作与生活，如果要继续经营农村的土地，交通和管理成本会陡然增加。如果农业转移人口是在异地城镇化，想要继续经营土地几乎是不可能的，理性的选择应该是退出土地。三是农村土地是镶嵌在农村社会的，经营农地需要其他农户和当地社会的协助与支持。已在城镇落户、不在农村生活的农业转移人口如果继续在农村经营土地，会面临一定的社会压力。因此，推进新型城镇化会促进农业转移人口退出土地。

---

① 数据来源：《国家新型城镇化规划（2014－2020）》和《中国2018年国民经济和社会发展统计公报》。

第二节　农业转移人口退出土地会
推动新型城镇化发展

农业转移人口退出土地、进城落户，提高户籍人口城镇化率，会增加劳动力供给和消费，提高城镇化质量，促进长期经济增长。

（1）有利于增加劳动力供给。现在中国未富先老，人口红利正在消失，可以说是一个共识。蔡昉（2017）认为，当前劳动力短缺不是指高技能劳动力的短缺，而是指普通劳动力、非技能劳动者的短缺。因为劳动力短缺，现在普通劳动者的工资上涨速度已经超过劳动生产率的增长速度。在短期内，数量上增加劳动力供给的可能性很低。通过农业转移人口退出土地、进城落户，提高农业转移人口的劳动参与率来增加劳动力供给可能是一个可行的途径。中国社科院人口与劳动经济研究所课题组估算，2011～2020 年，如果中国每年将劳动参与率提升 1 个百分点，那么中国的潜在 GDP 增长率每年将会提升 0.88 个百分点（都阳等，2014）。现在大多数进城农民工因为没有市民化，劳动力供给是不稳定的。一是不固定在一个企业，没有稳定的劳动关系，甚至很多是非正式就业；二是因为家庭在农村老家，老人和孩子需要照料，许多农民工在四五十岁之前就退出了城镇劳动力市场。如果农业转移人口退出土地、进城落户，会显著增加他们的劳动参与率。

（2）有利于提高农业转移人口消费水平。农业转移人口在城镇工作和生活，但没有享受城镇居民的公共服务和福利待遇，当他们预期终将回到农村老家定居生活时，他们会抑制城镇的消费，将收入储蓄起来，延缓和转移到农村老家消费。如农业转移人口会抑制城镇住房消费[1]，也基本不会购买耐用消费品，小孩的教育消费也处于低水平等。许多实证研究结果已证实了这一结论。陈斌开等（2010）研究发现，移民比城镇居民的边际消费倾向要低 14.6%。文乐等（2019）研究发现，和预期回农村老家的农民工相比，准备在城镇定居的农民工其家庭消费总支出会高出 31.76%，特别是在非基本消费支出方面会超出接近两倍。因此，农业转移人口退出土地、进城落户后，将会提高消费水平。

（3）有利于农业转移人口分担城镇化成本。农业转移人口市民化是需要成本的。《国家新型城镇化规划（2014－2020）》提出要建立和完善由政府、企业和个人共同参与的农业转移人口市民化成本分担机制。政府主要负责义务教育、市政设施等公共服务与基本养老、基本医疗和保障性住房等社会保障的公共成本支出；企业主要是依法为农业转移人口缴纳养老、医疗、工伤、失业和生育（俗称"五险"）等社会保险费用；其余的各项市民化的成本就需要农业转移人口自己来承担，包括住房、子女教育、技能培训和社会保险等。现在法律和政策规定，农业转移人口退出土地是自愿有偿退出。无论是市场化退出还是非市场化退出，农业转移人口都能获得相应的经济补偿，能够分担一部分城镇化成本。

（4）有利于提高城镇化质量。当前按照户籍人口统计的城镇化可以说是低水平的城镇化，大量农业转移人口没有享受城镇的公共服务和社会保障，农业转移人口根本没有融入或者说很难融入城镇，城镇对大多数农业转移人口来说只是客居的"异域他乡"。2016 年末参加城镇职工基本养老保险的农民工人数为 5940 万人，占当年农民工数量的 21.09%；2016 年末参加城镇基本医疗

---

① 因为预期不能在城镇定居，现在许多农民工花费上十年的工资性收入在农村老家建筑新房子，但新房子利用率很低甚至长期空置，这从某种程度上来说是资源没有得到充分利用，甚至是资源的浪费。

保险的农民工人数为 4825 万人，占当年农民工数量的 17.13%；2018 年享受保障性住房（自购保障性住房和租赁公租房）的农民工比例只有 2.9%①。在进城农民工中，有 62% 的认为自己不是所居住城镇的"本地人"。城市规模越大，农民工的归属感和认同感越低。在 500 万以上的大城市，有 83.2% 的农民工认为自己不是"本地人"。在进城农民工中，经常参加所在社区组织活动的农民工只有 3.5%，偶尔参加的也只有 23%，加入工会的只有 9.8%②。农业转移人口没有市民化还带来一系列的社会问题，如家庭成员长期两地分居，老人孩子得不到很好的照料。根据教育部发布的教育统计数据，2017 年义务教育阶段农村留守儿童有 1550.56 万人。农业转移人口通过退出土地、进城落户，能够提高我国城镇化质量。

第三节　城镇化与农业转移人口 土地退出的相关性分析

相关性分析是研究两个变量之间的相关程度或两个变量之间联系的密切程度③。前面阐述了推进新型城镇化会促进农业转移人口退出土地，农业转移人口退出土地会推动新型城镇化的进程与发展，下面将对城镇化与农业转移人口土地退出进行相关性的实证研究。衡量城镇化的指标有两个：一是人口城镇化率，即在城镇连续生活六个月及以上的人口占总人口的比率；二是户籍城镇化

①　数据来源：《2016 年度人力资源和社会保障事业发展统计公报》和《2018 年农民工监测调查报告》。

②　数据来源：《2018 年农民工监测调查报告》。

③　恩斯坦. 统计学原理（下）[M]. 北京：科学出版社，2002.

率，即户籍在城镇的人口占总人口的比率。这两个指标相关统计年鉴每年都有统计发布。衡量农业转移人口土地退出状况的指标应该是农业转移人口的耕地退出率和宅基地退出率。但是，农业转移人口的宅基地退出率政府部门没有专门的统计，无法找到涵盖全国的统计数据。农业转移人口的耕地退出率政府部门也没有专门的统计，与之密切相关的替代指标是耕地流转率，即流转耕地面积占总耕地面积的比率，相关年鉴每年都有统计发布。根据农业农村部农村经营管理部门的界定标准，耕地流转包括转包、转让、互换、出租、股份合作及其他形式。本项目关于农业转移人口的耕地退出不仅仅是耕地经营权的退出，而是耕地承包权的退出。以转让形式进行的耕地流转就是耕地承包权的退出。因此，实证研究城镇化与农业转移人口土地退出的相关关系，由于没有耕地退出率和宅基地退出率的统计数据，只能用耕地流转率作为替代指标。本项目将分别研究人口城镇化率与耕地流转率的相关性和户籍城镇化率与耕地流转率的相关性。表 2－1 列出了 2007 ~ 2018 年人口城镇化率、户籍城镇化率和耕地流转率统计数据。

表 2 － 1　2007 ~ 2018 年人口城镇化率、户籍城镇化率和耕地流转率数据

年份	2007	2008	2009	2010	2011	2012	2013	2014	2015	2016	2017	2018
人口城镇化率	0.4520	0.4654	0.4788	0.4923	0.5051	0.5177	0.5301	0.5426	0.5550	0.5674	0.5852	0.5958
户籍城镇化率	0.3293	0.3328	0.3377	0.3417	0.3471	0.3500	0.3570	0.3710	0.3990	0.4120	0.4235	0.4337
耕地流转率	0.0350	0.0597	0.0821	0.1024	0.1784	0.2124	0.2570	0.3036	0.3329	0.3514	0.3700	0.3830

资料来源：人口城镇化率来源于历年《中国统计年鉴》、户籍城镇化率来源于历年《国民经济与社会发展统计公报》和历年《中国人口年鉴》、耕地流转率来源于历年《中国农业年鉴》。

在进行变量相关分析之前需要先做散点图，通过散点图来判断变量之间有没有相关的趋势，以及趋势是否呈线性，只有从散点图上确认变量之间存在线

性相关趋势，才能进行相关分析①。图2－1和图2－2分别为人口城镇化率与耕地流转率的散点图和户籍城镇化率与耕地流转率的散点图。从图2－1、图2－2来看，人口城镇化率与耕地流转率、户籍城镇化率与耕地流转率都有着非常明显的直线相关趋势，图中没有发现影响过强的异常点，因此可以进行相关分析。

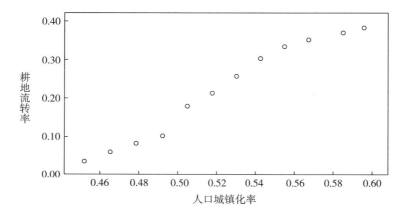

图2－1　人口城镇化率与耕地流转率

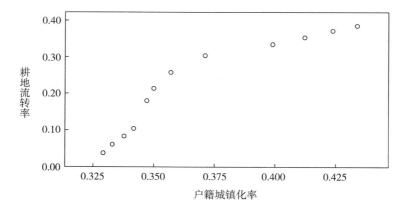

图2－2　户籍城镇化率与耕地流转率

①　张文彤. SPSS 统计分析基础教程（第3版）［M］. 北京：高等教育出版社，2017.

表2－2和表2－3分别给出了人口城镇化率与耕地流转率的相关性分析结果和户籍城镇化率与耕地流转率的相关性分析结果[①]。人口城镇化率与耕地流转率的相关系数为0.985，P＝0.000，具有非常显著的统计学意义；户籍城镇化率与耕地流转率的相关系数为0.926，P＝0.000，也具有非常显著的统计学意义。

表2－2　人口城镇化率与耕地流转率的相关性分析结果

		耕地流转率	人口城镇化率
耕地流转率	Pearson Correlation	1	0.985
	Sig.（2－tailed）		0.000
	N	12	12
人口城镇化率	Pearson Correlation	0.985	1
	Sig.（2－tailed）	0.000	
	N	12	12

表2－3　户籍城镇化率与耕地流转率的相关性分析结果

		耕地流转率	人口城镇化率
耕地流转率	Pearson Correlation	1	0.926
	Sig.（2－tailed）		0.000
	N	12	12
户籍城镇化率	Pearson Correlation	0.926	1
	Sig.（2－tailed）	0.000	
	N	12	12

①　相关性分析是使用SPSS16.0软件计算得出。

第四节　小结

新型城镇化与农业转移人口土地退出呈现相关性。推进新型城镇化会促进农业转移人口退出土地，农业转移人口退出土地会推动新型城镇化的进程与发展。农业转移人口退出土地、进城落户，有利于增加劳动力供给、有利于提高农业转移人口消费水平、有利于农业转移人口分担城镇化成本、有利于提高城镇化质量。根据数据的可得性和分析的合理性，分别实证研究了人口城镇化率与耕地流转率的相关性和户籍城镇化率与耕地流转率的相关性。人口城镇化率与耕地流转率的相关系数为0.985，户籍城镇化率与耕地流转率的相关系数为0.926，都具有非常显著的统计学意义。

第三章 新型城镇化进程中农业转移人口土地退出的政策演变

在推进新型城镇化进程中，现在农业转移人口土地退出的国家政策是什么？原来的国家政策又是什么？从原来的国家政策到现在的国家政策是如何演变的？为什么会这样演变？这种演变结束了吗？如果没有结束，还会向哪个方向演变？通过详细梳理新型城镇化进程中农业转移人口土地退出国家政策的演变历程，分析国家政策演变的原因，把握国家政策演变的规律，洞悉国家政策演变的方向，以更好地指导当前农业转移人口土地退出的实践。

第一节 农业转移人口土地退出的政策演变历程

一、改革开放以前农业转移人口土地退出的政策演变历程

1949年以后、改革开放以前，农村土地制度经历了农民所有制和集体所有制。1950年6月，中央人民政府正式颁布《土地改革法》。根据《土地改革

法》，从 1950 年 10 月开始，土地改革运动在全国有计划、有秩序地进行，到 1952 年底和 1953 年春，除西藏等少数民族地区外，土地改革在全国基本完成（成汉昌，1994）。土地改革运动没收了地主的土地，将土地统一、公平合理地分配给无地少地的贫苦农民所有，废除了地主阶级封建剥削的土地所有制，实行农民的土地所有制。1954 年颁布的《中华人民共和国宪法》第八条明确规定："国家依照法律保护农民的土地所有权和其他生产资料所有权。"这标志着农民的土地所有权得到了具有最高法律效力的国家根本大法——宪法的承认和确认。从理论上来说，土地改革以后，农民拥有了土地所有权，农民从农村迁移到城市其拥有的耕地和宅基地（包括住房）可以通过市场交易的方式有偿退出。但是土地改革以后，党中央又马上实行农业的社会主义改造。自 1953 年开始，经过简单的共同劳动的临时互助组和在共同劳动的基础上实行某些分工分业而有某些少量公共财产的常年互助组，到实行土地入股、统一经营而有较多公共财产的初级社，再到实行完全的社会主义集体公有制的高级社，1956 年底，农业社会主义改造基本完成。1958 年在农业高级社的基础上，又实行政社合一，成立了既是经济合作生产组织又是基层政治组织的人民公社。至此，土地等主要生产资料彻底由原来农民的个人所有制改造成为集体公有制[①]。在人民公社时期，由于实行严格的城乡分割的户籍管理制度，除升学、参军和招工等原因离开农村外，农业转移人口很少[②]。《农村人民公社工作条例》（1962 年 9 月 27 日）第二十一条规定："生产队范围内的土地，都归

---

① 农业的社会主义改造过程具体参见 1953 年 2 月 15 日颁布的《中共中央关于农业生产互助合作的决议》、1953 年 12 月 16 日颁布的《中国共产党中央委员会关于发展农业生产合作社的决议》、1956 年 10 月 28 日《人民日报》刊发的《全国多数省市实现高级形式的农业合作化》的报道、1958 年 8 月 29 日颁布的《中共中央关于在农村建立人民公社问题的决议》等文献资料。

② 1958 年 1 月 9 日颁布实施的《户口登记条例》第十条规定："公民由农村迁往城市，必须持有城市劳动部门的录用证明，学校的录取证明，或者城市户口登记机关的准予迁入的证明，向常住地户口登记机关申请办理迁出手续。"农村人口的乡城迁移受到严格限制。

生产队所有。生产队所有的土地，包括社员的自留地、自留山、宅基地等，一律不准出租和买卖。"在人民公社时期，非自留地和非自留山（占耕种土地的大部分）是集体所有、统一经营，社员本身就没有使用权，因此农业转移人口（社员退出）就不存在获得补偿的问题。自留地和自留山是集体所有、社员分散经营，因为不准出租和买卖，因此农业转移人口（社员退出）也只能将土地无偿退还给生产队。但《农村人民公社工作条例》第四十五条规定："社员的房屋，永远归社员所有。社员有买卖或者租赁房屋的权利。"从这条规定来看，虽然宅基地的所有权归生产队，但社员事实上拥有宅基地的使用权，社员房屋的买卖或者租赁实际上包含了宅基地使用权的买卖或者租赁①。但从人民公社制度来看，社员买卖或者租赁房屋的市场是受到严格限制的，只有获得了本生产队或生产大队的社员资格才能买卖或租赁房屋。所以在1949年以后、改革开放之前，由于实行严格的城乡分割户籍制度，户籍与粮食供应和生活用品的供应甚至身份紧密联系在一起（陆益龙，2002），因此农业转移人口比较少。人民公社时期，土地等生产资料实行完全的集体所有制，除一点自留地外，农民几乎没有土地使用权，因此农业转移人口的土地退出基本是无偿退出。

二、改革开放以来农业转移人口土地退出的政策演变历程

农业转移人口土地退出的政策演变与国家土地制度变迁和农业转移人口的政策变迁紧密相关。下面首先将阐述改革开放以来农村耕地和宅基地制度变迁；其次阐述改革开放以来农业转移人口的政策变迁；最后阐述改革开放以来农业转移人口土地退出的政策演变。

---

① 一直以来，无论是法律还是政策，对房屋和土地的管理和登记都是分离的。直到2015年3月1日正式实施《不动产登记暂行条例》，房屋和土地的登记管理才统一。

（一）改革开放以来农村耕地和宅基地制度变迁

1978 年党的十一届三中全会决定实行改革开放的重大决策，农业生产形式和土地制度相继发生了重大变革，由包产到户、包干到户等多种形式的农业生产责任制，到正式确立家庭联产承包责任制，农村土地在集体所有的基础上，农民正式拥有了土地的承包经营权①。改革开放以来，农民的土地承包期限不断延长。1984 年中央一号文件明确规定："土地承包期一般应在十五年以上。"1998 年 8 月 29 日修订的《土地管理法》第十四条规定："土地承包经营期限为三十年。"2018 年 12 月 29 日新修订的《农村土地承包法》第二十一规定："耕地承包期届满后再延长三十年。"农民的土地承包经营权更加稳定。2002 年 8 月 29 日颁布的《农村土地承包法》第二十六条和第二十七条分别规定："承包期内，发包方不得收回承包地"和"承包期内，发包方不得调整承包地。"2007 年 3 月 16 日颁布的《物权法》将土地承包经营权确定为用益物权，这样农民的土地承包经营权由债权转变为物权。2008 年党的十七届三中全会通过的《关于推进农村改革发展若干重大问题的决定》规定："赋予农民更加充分而有保障的土地承包经营权，现有土地承包关系要保持稳定并长久不变。"2013 年中央一号文件明确提出："全面开展土地承包经营权确权登记颁证工作。"2018 年底这项工作基本完成。2016 年 10 月 30 日中央办公厅和国务院办公厅颁布《关于完善农村土地所有权　承包权　经营权分置办法的意见》，明确提出土地产权的"三权分置"，文件规定："严格保护农户承包权。任何组织和个人都不能取代农民家庭的土地承包地位，都不能非法剥夺和限制农户的土地承包权。"农民的土地承包经营权权能不断增加。由原来的土地不

---

① 改革开放以后农业生产形式和土地制度发生重大变革的过程具体详见 1980 年 9 月 27 日中共中央颁发的《关于进一步加强和完善农业生产责任制的几个问题》，1982 年中央一号文件《全国农村工作会议纪要》和 1983 年中央一号文件《当前农村经济政策的若干问题》等文件。

能出租，到可以流转，再到土地经营权可以进行担保抵押和进行入股经营[①]。农民宅基地使用权的保护也趋于严格，宅基地使用权的权能也趋于增加。《物权法》明确将宅基地使用权确定为用益物权，《物权法》第一百五十二条规定："宅基地使用权人依法对集体所有的土地享有占有和使用的权利，有权依法利用该土地建造住宅及其附属设施。"2008 年党的十七届三中全会通过的《关于推进农村改革发展若干重大问题的决定》提出："改革完善农村宅基地制度，选择若干试点，慎重稳妥推进农民住房财产权抵押、担保、转让，探索农民增加财产性收入渠道。"2018 年中央一号文件提出："探索宅基地所有权、资格权、使用权'三权分置'，保障宅基地农户资格权和农民房屋财产权，适度放活宅基地和农民房屋使用权。"2019 年中央一号文件指出："加快推进宅基地使用权确权登记颁证工作，力争 2020 年基本完成。"

（二）改革开放以来农业转移人口的政策变迁

改革开放以后，农村土地实行家庭联产承包责任制，家庭劳动力得到解放，农村开始出现剩余劳动力。由于城市人口迁移依然受到严格限制，农村剩余劳动力开始转入农村当地的小工业和小集镇服务业，从事当时最为社会急需的饲料工业、食品工业、建筑建材业和小能源工业等，乡镇企业发展方兴未艾。到 1984 年，全国乡镇企业发展到 606 万个，乡镇企业从业人员有 5208 万人，占到农村劳动力总人数的 14%[②]。乡镇企业的发展带来了农业人口的转移。1984 年中央一号文件《中共中央关于 1984 年农村工作的通知》指出：

---

① 1982 年的中央一号文件规定社员承包的土地不准出租，1986 年的中央一号文件就鼓励耕地向种田能手集中，发展适度规模的种植专业户。2002 年颁布的《农村土地承包法》第三十二条明确规定："通过家庭承包取得的土地承包经营权可以依法采取转包、出租、互换、转让或者其他方式流转。"2013 年党的十八届三中全会通过的《关于全面深化改革若干重大问题的决定》规定："赋予农民对承包地占有、使用、收益、流转及承包经营权抵押、担保权能，允许农民以承包经营权入股发展农业产业化经营。"

② 一九八四年全国乡镇企业发展概况 [J]. 农业经济丛刊, 1985 (4)：54－55.

"农村工业适当集中于集镇。""各省、自治区、直辖市可选若干集镇进行试点，允许务工、经商、办服务业的农民自理口粮到集镇落户。"1984年国务院正式发布《关于农民进入集镇落户问题的通知》。

1984年10月20日党的十二届三中全会通过《中共中央关于经济体制改革的决定》，正式全面开启城市的经济体制改革。对国有企业实施政企职责分开和简政放权，国有企业有权依照规定自行任免、聘用和选举本企业工作人员。在国家政策和计划的指导下，实行国家、集体和个人一起上的方针，坚持发展集体经济和民营经济等多种经济形式。1986年4月12日全国人大正式通过《外资企业法》，外资企业开始全面进入中国，特别是沿海开放城市，利用外资的规模不断扩大。从1983年有利用外资的统计数据以来，利用外资的规模从1983年的19.6亿美元增长到1993年的1227亿美元，十年之间增长61倍①。随着城市国有企业改革的实施、城市集体经济和民营经济的蓬勃发展、外资企业的全面进入，城市特别是沿海开放城市产生了对劳动力的大量需求。从20世纪80年代中后期开始，大量农业剩余人口开始向城市迁移。国家统计局最早于2010年开始统计发布农民工的数据。2010年全国农民工总量为2.42亿人，其中外出农民工为1.53亿人②。关于农业转移人口的政策也经历了从限制、引导、支持、推进等过程。1989年8月16日国务院办公厅发布《关于严格控制大量民工盲目流入广东省的通知》，指出："要采取有效措施，严格控制民工盲目、大量外出，必须及时劝阻，防止民工继续流入广东省。"1995年8月10日公安部发布《关于加强盲流人员管理工作的通知》，指出："各地公安机关要认真贯彻落实党委、政府治理'民工潮'的工作部署，为加强宏观调控，控制发展规模，组织有序流动，强化各项行政管理措施，减少盲目外

---

① 数据来源：《1983年国民经济和社会发展统计公报》和《1993年国民经济和社会发展统计公报》。

② 数据来源：《2010年国民经济和社会发展统计公报》。

出，大力协助有关部门做好有关工作。"2003年1月5日国务院办公厅发布《关于做好农民进城务工就业管理和服务工作的通知》，指出："各地区、各有关部门要取消对企业使用农民工的行政审批，取消对农民进城务工就业的职业工种限制，不得干涉企业自主合法使用农民工。"2004年12月27日国务院办公厅又发布《关于进一步做好改善农民进城就业环境工作的通知》，指出："要制定扶持政策，规范发展劳务派遣组织，为农民进城就业提供职业介绍、培训、管理和维护权益'一条龙'服务。""切实维护农民进城就业的合法权益。"国务院办公厅的这两个文件可以说是国家关于农业转移人口（农民工）政策的转向，由原来的限制和控制农业人口的迁移到组织引导农业人口的迁移以及保护他们的合法权益。2006年1月30日国务院发布《关于解决农民工问题的若干意见》，该文件肯定了农民工为我国现代化建设做出了重大贡献，在继续为农民工搞好服务并维护他们权益的基础上，首次提出积极稳妥解决农民工的社会保障问题，将农民工纳入工伤保险范围、解决农民工大病医疗保障问题、探索适合农民工特点的养老保险办法。该文件也首次提出："逐步地、有条件地解决长期在城市就业和居住农民工的户籍问题。中小城市和小城镇要适当放宽农民工落户条件；大城市要积极稳妥地解决符合条件的农民工户籍问题，对农民工中的劳动模范、先进工作者和高级技工、技师以及其他有突出贡献者，应优先准予落户。"2014年7月24日国务院发布《关于进一步推进户籍制度改革的意见》，指出："取消农业户口和非农业户口性质区分和由此衍生的蓝印户口等户口类型，统一登记为居民户口。"文件提出全面放开建制镇和小城镇落户限制，有序放开中等城市落户限制，合理确定大城市落户条件，严格控制特大城市人口规模。2014年9月12日国务院发布《关于进一步做好为农民工服务工作的意见》，提出："到2020年，农民工参加社会保险全覆盖，引导约1亿人在中西部地区就近城镇化，努力实现1亿左右农业转移人口和其他常住人口在城镇落户，未落户的也能享受城镇基本公共服务，农民工群体逐步融入城镇，为实现农民工市民化目标打下坚实基础。"

改革开放以来，随着乡镇企业的兴起，农业人口首先转移到集镇，国家的政策是允许农民自理口粮到集镇落户。随着城市经济体制改革的推进，民营经济的大力发展，外资企业的进入，农业人口开始向城市特别是沿海城市大规模迁移，但国家的政策开始是限制和控制农业人口的迁移，到 2000 年后才开始转向组织引导农业人口的迁移以及保护他们在城市就业的各项权益，到 2006 年首次提出解决农民工的社会保障问题和逐步有条件解决农民工城市落户问题，到 2013 年党的十八届三中全会正式提出推进农业转移人口市民化，把进城落户农民完全纳入城镇住房和社会保障体系。

（三）改革开放以来农业转移人口土地退出的政策演变

改革开放以来，随着乡镇企业的蓬勃发展，农业人口首先是转移到集镇落户。在集镇落户的农民在 2000 年之前需要将承包地和自留地无偿交回给集体经济组织或村民委员会。1982 年中央一号文件《全国农村工作会议纪要》规定："社员承包的土地，不准买卖，不准出租，不准转让，不准荒废，否则，集体有权收回；社员无力经营或转营他业时应退还集体。"1997 年 6 月 10 日《国务院批转公安部小城镇户籍管理制度改革试点方案和关于完善农村户籍管理制度意见的通知》规定："经批准在小城镇落户人员的农村承包地和自留地，由其原所在的农村经济组织或者村民委员会收回，凭收回承包地和自留地的证明，办理在小城镇落户手续。"2000 年以后，在集镇落户的农民可以保留承包地并可以进行流转，不需要无偿交回村集体。2000 年 6 月 13 日中共中央、国务院发布《关于促进小城镇健康发展的若干意见》规定："对进镇落户的农民，可根据本人意愿，保留其承包土地的经营权，也允许依法有偿转让。"2002 年 8 月 29 日全国人大通过的《农村土地承包法》第二十六条第一款规定："承包期内，承包方全家迁入小城镇落户的，应当按照承包方的意愿，保留其土地承包经营权或者允许其依法进行土地承包经营权流转。"20 世纪 80

年代中后期开始，随着城市经济体制改革的开启，民营经济的大力发展和外资企业的全面进入，大量农业剩余劳动力开始涌入城市特别是沿海城市就业，有稳定住所、稳定职业或生活来源的农民就产生了在城市落户的意愿，希望在子女入学、社会保障、住房、就业等方面享受与城市居民同等待遇。但直到2013年以前，进城落户的农民需要将承包地无偿交回给发包方或集体经济组织。2002年8月29日全国人大通过的《农村土地承包法》第二十六条第二款规定："承包期内，承包方全家迁入设区的市，转为非农业户口的，应当将承包的耕地和草地交回发包方。承包方不交回的，发包方可以收回承包的耕地和草地。"2013年以后，进城落户的农民不需要将承包地交回给集体经济组织。2013年党的十八届三中全会通过的《关于全面深化改革若干重大问题的决定》指出，在稳定农村土地承包关系并保持长久不变的基础上，赋予农民对承包地占有、使用、收益、流转及承包经营权抵押、担保权能。2014年7月30日国务院发布《关于进一步推进户籍制度改革的意见》规定："进城落户农民是否有偿退出'三权'，应根据党的十八届三中全会精神，在尊重农民意愿前提下开展试点。现阶段，不得以退出土地承包经营权、宅基地使用权、集体收益分配权作为农民进城落户的条件。"[①] 2016年10月30日中共中央办公厅、国务院办公厅发布的《关于完善农村土地所有权 承包权 经营权分置办法的意见》规定："不得以退出土地承包权作为农民进城落户的条件。"2018年12月29日全国人大正式修订了《农村土地承包法》，正式以法律的形式对进城落户农民的土地承包权处置问题做出了规定。新修订的《农村土地承包法》第二十七条规定："国家保护进城农户的土地承包经营权。不得以退出土地承包经

---

① 2014年9月30日国务院发布的《关于进一步做好为农民工服务工作的意见》也做出了类似的规定："完善相关法律和政策，妥善处理好农民工及其随迁家属进城落户后的土地承包经营权、宅基地使用权、集体经济收益分配权问题。现阶段，不得以退出土地承包经营权、宅基地使用权、集体经济收益分配权作为农民进城落户的条件。"

营权作为农户进城落户的条件。承包期内，承包农户进城落户的，引导支持其按照自愿有偿原则依法在本集体经济组织内转让土地承包经营权或者将承包地交回发包方，也可以鼓励其流转土地经营权。"为了更清晰地呈现农业转移人口承包地退出的政策演变历程，笔者制作了表3－1。

表3－1　改革开放以来农业转移人口承包地退出的政策演变

时间	发布机关	政策文件	政策内容	备注说明
1982年1月1日	中共中央	中央一号文件《全国农村工作会议纪要》	社员承包的土地，不准买卖，不准出租，不准转让，不准荒废，否则，集体有权收回；社员无力经营或转营他业时应退还集体	
1997年6月10日	国务院	《国务院批转公安部小城镇户籍管理制度改革试点方案和关于完善农村户籍管理制度意见的通知》	经批准在小城镇落户人员的农村承包地和自留地，由其原所在的农村经济组织或者村民委员会收回，凭收回承包地和自留地的证明，办理在小城镇落户手续	在集镇落户不能保留承包地
2000年6月13日	中共中央、国务院	《关于促进小城镇健康发展的若干意见》	对进镇落户的农民，可根据本人意愿，保留其承包土地的经营权，也允许依法有偿转让	在集镇落户可以保留承包地
2002年8月29日	全国人大	《农村土地承包法》第二十六条	承包期内，承包方全家迁入小城镇落户的，应当按照承包方的意愿，保留其土地承包经营权或者允许其依法进行土地承包经营权流转。承包期内，承包方全家迁入设区的市，转为非农业户口的，应当将承包的耕地和草地交回发包方。承包方不交回的，发包方可以收回承包的耕地和草地	在集镇落户可以保留承包地，但在设区的城市落户不能保留承包地
2014年7月30日	国务院	《关于进一步推进户籍制度改革的意见》	进城落户农民是否有偿退出"三权"，应根据党的十八届三中全会精神，在尊重农民意愿前提下开展试点。现阶段，不得以退出土地承包经营权、宅基地使用权、集体收益分配权作为农民进城落户的条件	进城落户不以退出承包地为条件

续表

时间	发布机关	政策文件	政策内容	备注说明
2014 年 9 月 12 日	国务院	《关于进一步做好为农民工服务工作的意见》	完善相关法律和政策，妥善处理好农民工及其随迁家属进城落户后的土地承包经营权、宅基地使用权、集体经济收益分配权问题。现阶段，不得以退出土地承包经营权、宅基地使用权、集体经济收益分配权作为农民进城落户的条件	
2018 年 12 月 29 日	全国人大	《农村土地承包法》第二十七条	国家保护进城农户的土地承包经营权。不得以退出土地承包经营权作为农户进城落户的条件。承包期内，承包农户进城落户的，引导支持其按照自愿有偿原则依法在本集体经济组织内转让土地承包经营权或者将承包地交回发包方，也可以鼓励其流转土地经营权	法律明确，进城落户可以保留承包地，鼓励有偿退出和流转

改革开放以来，关于农业转移人口的宅基地退出政策问题，由于宅基地使用权和住房所有权是一体的，住房的买卖意味着宅基地使用权的转让，因此农业转移人口的宅基地退出政策必须和国家关于农村住宅的买卖政策一起进行论述。毫无疑问，农民的住房所有权归农民所有，无论是在集镇还是在城市落户的农业转移人口可以按照市场规则买卖或租赁住房，因此，农业转移人口的宅基地退出一直都不是无偿退回给村集体经济组织，而是通过市场有偿退出。但是由于农民的宅基地是因为农民的集体经济组织成员身份无偿获得的，国家对农民住宅的买卖就进行了限制。在 1999 年之前，非本集体经济组织成员和非农业户口居民可以通过合法手续获得农村宅基地，农业转移人口的住宅买卖就不限于本集体经济组织成员。1982 年 2 月 13 日国务院发布的《村镇建房用地管理条例》第十四条规定："农村社员，回乡落户的离休、退休、退职职工和军人，回乡定居的华侨，建房需要宅基地的，应向所在生产队申请，经社员大

会讨论通过，生产大队审核同意，报公社管理委员会批准。"第十五条规定："由于买卖房屋而转移宅基地使用权的，应按第十四条的规定办理申请、审查、批准手续。"1986 年全国人大通过的《土地管理法》第四十一条规定："城镇非农业户口居民建住宅需要使用集体所有的土地的，必须经县级人民政府批准，其用地面积不能超过省、自治区、直辖市规定的标准，并参照国家建设用土地的标准支付补偿费和安置补助费。"但是在 1999 年之后，国家政策明确规定城市居民不能在农村购买房屋，非本集体经济组织成员也必须是因为移民搬迁或移民安置等合理原因按照政府统一规划和批准才能获得宅基地。1999 年 5 月 6 日国务院办公厅发布《关于加强土地转让管理严禁炒卖土地的通知》规定："农民的住宅不得向城市居民出售，也不得批准城市居民占用农民集体土地建住宅，有关部门不得为违法建造和购买的住宅发放土地使用证和房产证。"2004 年 10 月 21 日国务院发布《关于深化改革严格土地管理的决定》规定："改革和完善宅基地审批制度，加强农村宅基地管理，禁止城镇居民在农村购置宅基地。"2010 年国家开始对包括农村宅基地在内的农村地籍调查和农村集体建设用地使用权进行确权登记颁证①，对于 1999 年之前城镇非农业户口居民购买农村住宅占用宅基地的予以确权登记颁证，对于 1999 年之后的不予确权登记。2016 年 12 月 16 日国土资源部发布《关于进一步加快宅基地和集体建设用地确权登记发证有关问题的通知》规定："1982 年《村镇建房用地管理条例》实施前，非农业户口居民（含华侨）合法取得的宅基地或因合法取得房屋而占用的宅基地，范围在《村镇建房用地管理条例》实施后至今未扩大的，可按实际使用面积予以确权登记。1982 年《村镇建房用地管理条例》实施起至 1999 年《土地管理法》修订实施时止，非农业户口居民（含华侨）

---

① 2010 年中央一号文件提出加快农村集体土地所有权、宅基地使用权、集体建设用地使用权等确权登记颁证工作。2011 年 5 月 9 日国土资源部、财政部、农业部发布《关于加快推进农村集体土地确权登记发证工作的通知》。

合法取得的宅基地或因合法取得房屋而占用的宅基地，按照批准面积予以确权登记，超过批准的面积在登记簿和权属证书附记栏中注明。"至于农业转移人口的宅基地退出政策，从2013年开始，国家政策明确规定农民进城落户不得以退出宅基地（和承包地一起）为条件。2014年9月12日国务院发布《关于进一步做好为农民工服务工作的意见》规定："现阶段，不得以退出土地承包经营权、宅基地使用权、集体经济收益分配权作为农民进城落户的条件。"2019年中央一号文件《关于坚持农业农村优先发展做好"三农"工作的若干意见》进一步重申："坚持保障农民土地权益、不得以退出承包地和宅基地作为农民进城落户条件，进一步深化农村土地制度改革。"2014年12月2日中央深改组通过《关于农村土地征收、集体经营性建设用地入市、宅基地制度改革试点工作的意见》（以下简称《意见》），2015年1月正式对宅基地等三项土地制度进行改革试点，《意见》提出："探索进城落户农民在本集体经济组织内部自愿有偿退出或转让宅基地。"① 改革开放以来农业转移人口宅基地（含住宅）退出的政策演变见表3-2。

表3-2 改革开放以来农业转移人口宅基地（含住宅）退出的政策演变

时间	发布机关	政策文件	政策内容	备注说明
1982年2月13日	国务院	《村镇建房用地管理条例》第十四条、第十五条	农村社员，回乡落户的离休、退休、退职职工和军人，回乡定居的华侨，建房需要宅基地的，应向所在生产队申请，经社员大会讨论通过，生产大队审核同意，报公社管理委员会批准。由于买卖房屋而转移宅基地使用权的，应按第十四条的规定办理申请、审查、批准手续	

---

① 严格说，"探索进城落户农民在本集体经济组织内部自愿有偿退出或转让宅基地"这一改革力度不算太大，但试点地区的实践有些突破，如湖南省浏阳市的宅基地可以全市范围内进行流转。

续表

时间	发布机关	政策文件	政策内容	备注说明
1986 年 6 月 25 日	全国人大	《土地管理法》第四十一条	城镇非农业户口居民建住宅需要使用集体所有的土地的，必须经县级人民政府批准，其用地面积不能超过省、自治区、直辖市规定的标准，并参照国家建设用地的标准支付补偿费和安置补助费	1999 年之前城镇居民可以到农村购买农民住房
1999 年 5 月 6 日	国务院办公厅	《关于加强土地转让管理严禁炒卖土地的通知》	农民的住宅不得向城市居民出售，也不得批准城市居民占用农民集体土地建住宅，有关部门不得为违法建造和购买的住宅发放土地使用证和房产证	1999 年之后城镇居民不能到农村购买农民住房了
2004 年 10 月 21 日	国务院	《关于深化改革严格土地管理的决定》	改革和完善宅基地审批制度，加强农村宅基地管理，禁止城镇居民在农村购置宅基地	
2014 年 9 月 12 日	国务院	《关于进一步做好为农民工服务工作的意见》	现阶段，不得以退出土地承包经营权、宅基地使用权、集体经济收益分配权作为农民进城落户的条件	2014 年以后国家政策正式提出农民进城落户不以退出宅基地使用权为条件
2014 年 12 月 2 日	中央深改组	《关于农村土地征收、集体经营性建设用地入市、宅基地制度改革试点工作的意见》	探索进城落户农民在本集体经济组织内部自愿有偿退出或转让宅基地	
2019 年 1 月 3 日	中共中央、国务院	《关于坚持农业农村优先发展做好"三农"工作的若干意见》	坚持保障农民土地权益、不得以退出承包地和宅基地作为农民进城落户条件，进一步深化农村土地制度改革	

第二节　农业转移人口土地退出政策演变的特点和规律

通过以上对农业转移人口土地退出政策的梳理，发现政策演变呈现如下特点和规律。

一、政策对农民土地产权的保护越来越严格，农民的土地权利越来越完整

农业转移人口的土地退出政策经历了无偿交回到自我保留再到有偿退出的过程。农民开始转移到集镇落户时，需要将承包地无偿交回给集体（1997 年 6 月 10 日《国务院批转公安部小城镇户籍管理制度改革试点方案和关于完善农村户籍管理制度意见的通知》）。2000 年，农民到集镇落户可以保留承包地或流转承包地（2000 年 6 月 13 日中共中央、国务院发布《关于促进小城镇健康发展的若干意见》），但是农民到设区的城市落户需要将承包地无偿交回给集体（2002 年 8 月 29 日全国人大通过的《农村土地承包法》第二十六条）。2014 年开始，农民到城市落户不需要将承包地无偿交回给集体，可以自我保留，可以流转，可以在集体经济组织内部转让等（2014 年 7 月 30 日国务院发布《关于进一步推进户籍制度改革的意见》和 2018 年 12 月 29 日全国人大新修订的《农村土地承包法》第二十七条）。政策对农业转移人口宅基地使用权的保护也趋于严格，进城落户不以退出宅基地使用权为条件，宅基地可以在集体经济组织内部有偿转让（2014 年 12 月 2 日中央深改组通过《关于农村土地征收、集体经营性建设用地入市、宅基地制度改革试点工作的意见》和 2019 年 1 月 3 日中央一号文件《关于坚持农业农村优先发展做好"三农"工作的若干意见》）。农民的土地权利越来越完整，土地承包经营权和宅基地使用权物权化，土地承包经营权保持稳定并长久不变，土地承包权在第二轮承包期到期以后再延长 30 年，赋予土地经营权和宅基地使用权抵押担保权能。从政策演变可以很清晰地看出，政策对农民土地产权的保护越来越严格，土地产权已经成为农民的一种财产权利，不会因为农民居住地的迁徙、户口的变动、身份的变化而发生改变。

二、政策的演变既是为了满足现实的需要，更是为了实现政府的目标

农村土地实行家庭承包经营以后，农村出现剩余劳动力，随着乡镇企业的兴起，农民产生了到集镇落户的现实需要。政府为了满足农民的需要，允许农民到集镇落户，但需要将承包地交回给集体。随着形势的发展，政府认识到"发展小城镇，是带动农村经济和社会发展的一个大战略"，发展小城镇，不仅有利于优化农业和农村经济结构，增加农民收入，也有利于缓解国内需求不足和农产品阶段性过剩的问题，是实现我国农村现代化的必由之路。这时政府鼓励小城镇的发展，对进镇落户的农民允许其保留承包地。随着城市改革的开启，民营经济的发展以及外资企业的全面进入，农村剩余劳动力开始进入城市务工就业。政府开始对于进入城市务工就业的农村剩余劳动力是排斥的，甚至一度称他们为"盲流"。随着大量农村剩余劳动力进入城市，城市的发展已经与他们密切相关，部分务工就业的农民也产生了到城市落户的需求。政府开始慢慢放开农民到城市落户的政策，由原来的"农转非"指标控制到蓝印户口再到现在的积分落户政策等，但当时到城市落户的农民需要无偿交回承包地。可随着"刘易斯拐点"的来临，我国经济发展进入新常态，经济增长由高速增长转为中高速增长①，政府认识到城镇化是保持经济持续健康发展的强大引

---

① 中国 GDP 增速从 2012 年开始回落，告别了持续 30 多年年平均 10% 左右的高速增长。2014 年中央经济工作会议首次明确提出中国经济发展进入新常态，首次阐述了新常态的九大特征。

擎，是解决农业农村农民问题的重要途径，提出要推进农业转移人口的市民化，并提出了到 2020 年解决约 1 亿农业转移人口落户城镇的具体目标①。从 2014 年开始，政府政策规定农业转移人口城镇落户不需要交回承包地。至于宅基地退出政策，因为宅基地和住房是一体的，根据前面的论述，1999 年是一个转折点，1999 年之前政府还允许城市居民到农村购买农民的住房，但 1999 年之后就明确不允许了。这种政策的转折主要是因为当时一些地区用地秩序混乱，非法交易农民集体土地的现象比较严重，耕地安全受到了威胁，于是政府规定农民的住宅不得向城市居民出售②。现在农业转移人口的宅基地退出政策是可以保留宅基地（含住宅），也可以在集体经济组织内部转让。

三、政策的演变是渐进性的，政策的演变还将继续

农业转移人口的土地退出政策是渐进性的，这种渐进性既体现在政策内容上的渐进性，也体现在政策形式上的渐进性。农业转移人口到集镇落户开始是需要无偿交回承包地的，然后政策允许可以保留承包地或有偿退出承包地。农业转移人口到城市落户（设区的市）开始也是需要无偿交回承包地的，然后政策允许可以保留承包地或有偿退出承包地。从无偿交回到自我保留和有偿退出，政策演变呈现渐进性，渐进性的目标是农民的土地产权保护越来越严格。从政策形式的演变来看，先有部门规章、行政法规、党内法规，再有法律。如农业转移人口的承包地退出政策先有党中央党内法规和国务院行政法规的规定，再有《农村土地承包法》的法律规定。在行政法规和党内法规中，也呈现先有"通知"，再有"意见"和"决定"等规范性文件形式的渐进性演变。农业转移人口的土地退出政策还在继续演变，如宅基地退出政策。2014 年 12

---

① 参见 2014 年 3 月 16 日国家发改委发布的《国家新型城镇化规划（2014－2020）》。
② 参见 1999 年 5 月 6 日国务院办公厅发布《关于加强土地转让管理严禁炒卖土地的通知》。

月中央深改组做出关于农村土地征收、集体经营性建设用地入市和宅基地制度改革试点的决定，2015 年 2 月 27 日，十二届全国人大常委会第十三次会议审议通过《关于授权国务院在北京市大兴区等三十三个试点县（市、区）行政区域暂时调整实施有关法律规定的决定》，授权在三十三个县（市、区）进行三项土地制度改革试点，授权期限截至 2017 年 12 月 31 日。但从现在来看，全国人大常委会已经将改革试点的期限进行了两次延长，改革试点还在继续。2017 年 11 月 4 日，十二届全国人大常委会第三十次会议决定，授权在试点地区暂时调整实施有关法律规定的期限延长至 2018 年 12 月 31 日。2018 年 12 月 29 日十三届全国人大常委会第七次会议决定，将《全国人民代表大会常务委员会关于授权国务院在北京市大兴区等三十三个试点县（市、区）行政区域暂时调整实施有关法律规定的决定》规定的调整实施有关法律规定的期限延长至 2019 年 12 月 31 日。

第三节　农业转移人口土地退出政策存在的问题

农业转移人口土地退出政策还存在三个方面的问题。

一、科学合理的土地退出机制亟待构建

现在行政法规、党内法规和法律都规定，不得以退出承包地和宅基地作为农民进城落户的条件，但承包地和宅基地到底如何退出、退出机制如何构建、可操作性的退出细则如何实施等问题都还没有解决。关于承包地退出，农业农村部（原农业部）选取了上海、山东、宁夏、湖南、内蒙古等 6 个省（区、市）的 7 个县（市、区）开展试点，虽然取得了一些经验，但还没有形成可

复制、可推广的一般做法，承包地退出的体制机制还没有建立①。关于宅基地退出，情况可能更为复杂，全国人大关于宅基地制度改革试点的期限已经进行了两次延长。科学合理的土地退出机制应该主要包括退出主体与内容、退出原则与目标、退出方式与补偿方法、退出补偿标准等方面。

二、土地退出的实现途径与措施还不完善

农业转移人口的土地退出如何实现，中央政府、地方政府和集体经济组织应该分别扮演什么角色是一个需要认真研究的问题。中央政府应该统筹安排农业转移人口的土地退出问题，制订土地退出的总体方案，实施社会保障、转移支付、建设用地指标流转等相关配套制度改革，允许设立土地金融机构或土地退出专项补偿基金，为农业转移人口土地退出筹资，解决土地退出的资金来源问题；地方政府需要制订农业转移人口土地退出的详细方案，成立相关领导机构，设立土地退出专项补偿基金，建立和完善涉及农业转移人口的养老、住房、医疗和培训等方面制度；集体经济组织需要成立土地退出和土地流转服务机构，具体组织实施农业转移人口的土地退出。另外，农业转移人口的土地退出还需要成立为其服务的第三方机构，如土地评估机构、土地金融机构和土地信托流转机构等。

三、土地退出需要进行土地确权登记和集体成员资格界定

产权明确、四至清晰、权能完整的土地是土地退出的前提条件，因此，农业转移人口的土地退出必须做好土地确权登记工作。耕地承包权的确权登记全国已于 2018 年底基本完成，现在正在组织"回头看'。宅基地使用权的确权

---

① 参见 2018 年 8 月 27 日农业农村部《关于政协十三届全国委员会第一次会议第 2193 号（农业水利类 220 号）提案答复的函》，答复提案的主要内容是"关于构建科学的农村承包地退出机制提案的答复"。

登记正在开展之中，中央要求力争在 2020 年基本完成①。无论是耕地承包经营权的确权登记还是宅基地使用权的确权登记，集体成员资格的界定是一个焦点问题。因为农民之所以能够拥有耕地的承包权和宅基地的使用权，是因为农民的集体成员资格，即只有农民是某一个集体的成员才能无偿获得耕地的承包权和宅基地的使用权。特别是对于以确权确股不确地方式进行确权登记的村庄②，集体土地和其他集体资产已经股份化，然后根据集体成员身份分配股份化的集体土地和集体资产，集体成员资格的界定就变成了一个非常重要的问题。改革开放以来，因为出生、死亡、婚嫁、迁徙等原因，集体成员发生了很大的变动，谁是这个集体的成员需要进行界定③。2018 年 12 月 29 日全国人大新修订的《农村土地承包法》第六十九条首次提出："确认农村集体经济组织成员身份的原则、程序等，由法律、法规规定。"说明国家已经充分认识到，集体成员资格界定不但与土地确权登记密切相关，而且与土地退出和整个农村土地制度改革也密切相关④。

---

① 参见 2019 年中央一号文件《关于坚持农业农村优先发展做好"三农"工作的若干意见》。
② 在土地确权登记过程中有两种方式：一是确权确股不确地；二是确权确地。对于经济发达地区或城市郊区，由于土地增值收益较高，村庄只有通过土地的规模经营才能获取不断提高的土地增值收益，因此采取确权确股不确地方式进行确权登记的较多。其实，在中央提出土地确权登记之前，许多沿海发达地区就采取了确权确股不确地的方式，然后根据集体成员身份进行股份分配。
③ 集体成员资格的界定是一个很重要的问题，在现实中因为集体成员资格界定问题带来很多矛盾和纠纷。如集体成员资格的界定主体应该是谁？按照什么标准界定集体成员资格？本书后面将专门论述集体成员资格界定问题。
④ 土地退出问题其实会引发集体成员权的退出问题，在经济发达地区或城市郊区，许多集体经济组织对集体资产进行了股份化改造，集体成员除耕地的承包权和宅基地的使用权外，还有集体经济收益的分配权。土地退出了，集体经济收益分配权需要退出吗？集体成员权退出问题可能是一个比土地退出问题更根本的问题。本书聚焦于土地退出问题，但集体成员权和集体成员资格问题也会进行论述。

第四节 小结

本章阐述了农业转移人口土地退出政策的演变历程，总结了农业转移人口土地退出政策演变的特点和规律，提出了当前农业转移人口土地退出政策中还存在的有待解决的问题。1949 年之后、改革开放之前，由于实行严格的城乡分割户籍管理制度，城市就业机会有限，除开升学、招工、参军等原因外，农业转移人口很少。在人民公社时期，包括土地在内的各种生产要素都是集体公有制，除有一点儿自留地外，农民几乎没有土地使用权，农业转移人口的土地退出基本上是无偿退出①。改革开放以来，一开始在集镇落户的农业转移人口不能保留承包地，后来国家允许在集镇落户的农业转移人口可以保留承包地，但在设区的城市落户的农业转移人口不能保留承包地，必须将承包地无偿交回集体经济组织。2014 年开始，国家政策允许在城市落户的农业转移人口可以保留承包地。2019 年 1 月 1 日实施的新修订的《农村土地承包法》进一步明确，进城落户的农业转移人口可以保留承包地，鼓励有偿退出和流转。至于宅基地的退出，因为和住房是一体的，因此随着住房的买卖而转让。1999 年之前，非本集体经济组织成员和非农业户口居民可以通过合法手续获得农村宅基地，农业转移人口的住宅买卖就不限于本集体经济组织成员。1999 年之后，农业转移人口的住房买卖只限于本集体经济组织成员。现在国家政策也已经明确，农民进城落户不以退出宅基地使用权为条件。通过梳理农业转移人口土地

---

① 因为宅基地使用权和房屋是一体的，在房屋买卖过程中也意味着宅基地使用权的转让，但市场有限，只有本社社员才能购买。

退出政策的演变历程，发现其呈现出三个特点：一是政策对农民土地产权的保护越来越严格，农民的土地权利越来越完整；二是政策的演变既是为了满足现实的需要，更是为了实现政府的目标；三是政策的演变是渐进性的，政策的演变还将继续。当前农业转移人口的土地退出政策还存在三个有待解决的问题：一是科学合理的土地退出机制亟待构建；二是土地退出的实现途径与措施还不完善；三是土地退出需要进行土地确权登记和集体成员资格界定。

第四章　农业转移人口土地
退出的理论分析

新型城镇化进程中农业转移人口怎样才能退出土地？本章将从理论上分析农业转移人口土地退出问题。首先，研究农业转移人口土地退出的前提，即权利界定；其次，从农业转移人口的视角审视土地承载的主要功能；再次，阐述农业转移人口土地退出面临的制约因素；最后，建立一个农业转移人口土地退出的经济学分析框架。

第一节　农业转移人口土地退出的
前提：权利界定

产权清晰是农业转移人口土地退出的前提，因此，农业转移人口在退出土地前需要对其土地权利进行界定。现在农业转移人口退出土地的权利包括耕地的承包权①、宅基地的资格权和使用权②（包含住房所有权）以及其他集体土地成员权③。耕地的确权登记在 2018 年底之前已经基本完成，2019 年正在组织"回头看"。耕地的确权方式有两种，即确权确地方式和确权确股不确地方式。确权确地方式是指"人"和"地块"一一对应，做到确权到户的耕地四至清晰、地块确实、面积准确。确权确股不确地方式是指将耕地（通常还包含其他集体土地和资产）股份化，然后将股份确权给具有集体成员身份的农民。全国大部分地区采取的是确权确地方式，确权确股不确地方式一般发生在经济发达地区或城市郊区，这些地区的土地需要整体规划和规模经营才能追逐不断上涨的土地增值收益。宅基地的确权登记现在正在进行，中央要求 2020 年底完成。其他集体土地成员权的确权在耕地以确权确股不确地的方式中就已经涉及。现在正在全国推开的农村集体产权制度改革，其他集体土地成员权的确权是其重要内容。中央要求农村集体产权制度改革也要在 2020 年底前完成。

农业转移人口之所以拥有耕地的承包权、宅基地的资格权和使用权以及其他集体土地成员权，是因为农业转移人口的集体成员身份或资格，即农业转移人口是某一个集体的成员。因此，界定农业转移人口的集体成员身份或资格是界定农业转移人口土地权利的重要内容，甚至是界定农业转移人口土地权利本身的一部分。自实行以家庭承包经营为基础、统分结合的双层经营体制时起（所谓"分田到户"），由于出生、婚嫁、就业、迁徙、死亡等原因，40 多年来集体的成员身份或资格发生了很大变化。谁是这个集体的成员？谁来界定集

---

① 现在法律和政策规定农户家庭承包经营的耕地在权利安排上实行"三权分置"，即耕地所有权归集体、耕地承包权归具有集体成员身份的农户、耕地经营权归耕地的经营者。

② 现在政策提出对宅基地的权利安排也实行"三权分置"，即宅基地所有权归集体、宅基地资格权归具体集体成员身份的农户、宅基地使用权归宅基地使用者。当前阶段，宅基地的资格权和使用权基本是合一的。

③ 其他集体土地成员权是因为农村集体的土地属于成员集体所有，除耕地和宅基地外，集体还有公共用地、经营性建设用地以及其他土地资产，这部分土地权利只要是集体成员都有权利享受。因此，农业转移人口退出土地时也需要退出这部分土地权利。

体成员资格？按照什么标准界定集体成员资格？实践纠纷较多，理论分歧较大。

一、谁来界定集体成员资格

（一）界定集体成员资格的主体之争

集体成员资格的界定主体到底应该是谁，学术界充满争议，概括起来有四种意见：第一种意见是由国家的法律法规来界定集体成员资格。他们认为现在农村很多的权益纠纷主要是因为国家的法律法规没有明确集体成员资格的界定标准，有些部门法之间甚至还存在矛盾，导致集体成员维护自己权益时缺乏法理的基础（吴兴国，2006；杨一介，2008；张红，2011）。杨攀（2011）还认为，因为集体成员资格问题是人们的基本民事权利，由全国人大常委会来决定才是最为合适的。第二种意见是由村庄集体的村规民约来界定集体成员资格。学者们认为应该遵从"约定大于法定"的原则。在当前法律法规没有界定集体成员资格的情况下，只能通过村庄集体的公共选择行为来决定谁是这个集体的成员（徐志强，2014；余梦秋，2011）。第三种意见是由法律法规和村规民约共同来界定集体成员资格。王利明等（2012）认为当前应该要完善法律法规对集体成员资格的界定，但是也应该尊重村庄集体长期以来形成的习惯法。童列春（2015）认为因为集体成员资格形成的集体成员权本身，就是国家的意志、农民集体的意志和农民个人的意志三种意志协调作用的结果。第四种意见是国家不应该制定界定集体成员资格的标准，只需要加强调解处理的机制建设就可以了。张明慧等（2014）认为，政府不应该去制定较为完备的界定集体成员资格的标准，只需要在维护公平正义和村民自治原则的条件下，加强对集体成员资格纠纷的调解处理。

第一种意见应该比较理想，但可能的问题是：如果集体成员资格的界定标准法律法规规定得过宽，可操作性就不强；如果规定得过细，法律法规将面对不能承受之重。实践中界定集体成员资格的标准非常复杂而且分化严重，甚至每一个村庄界定集体成员资格的标准都会存在差异，法律法规对此确实难以进行统一界定。如果采取"一刀切"的方式，村庄农民会觉得不公平。第二种意见应该是一种成本较低、效率较高的方式。但面临的约束是现在村庄的集体成员流动性大、分化比较严重，村庄共同体在不断瓦解，甚至一些村庄已经出现了"村将不村"的状况（田先红等，2013；董磊明等，2008）。这样村庄本身可能已经失去了集体成员资格的界定能力和权威性，"迎法下乡"势在必行。第三种意见可能面临两个问题：一是如果法律法规和村规民约之间有冲突将怎样处理；二是法律法规和村规民约共同界定集体成员资格，它们的边界将在哪里。第四种意见存在的问题是，如果代表国家的政府没有一个界定集体成员资格的基本标准，将如何实施调解和仲裁。

（二）集体成员资格界定主体的理论分析

集体成员资格的界定到底是应该由国家通过法律法规的形式进行界定，还是应该由村庄集体通过村规民约的形式进行界定，抑或是应该由国家和村庄集体两个主体共同来界定，不同的理论视角可能得出不同的答案。一是从集权和分权的角度来看，一项事务或者某种权利到底应该是集权还是分权，取决于这项事务或这种权利的公共性，如果公共性很强，就适合集权，反之适合分权（张千帆，2009）。布坎南和塔洛克在《同意的计算》这本著作中提出，根据外部性成本的大小可以将决策分为三类，即纯粹私人性决策、私人通过资源签订协议进行决策和公共性决策。如果外部性成本很高，应该通过政府实施公共决策（刘婧娟，2010）。所以，集体成员资格应该由谁来界定取决于集体成员资格界定本身的性质，如果界定集体成员资格的公共性比较强、外部性成本比较高，应该就由国家通过法律法规的形式进行界定，反之就应该由村庄集体通过村规民约实施界定。二是从内部规则和外部规则的角度来看①，内部规则是一种自我生发出来的社会秩序，制约和支配人们的行为。外部规则是某类组织特别是政府组织为了实现一定的目标或者执行集体的计划而下达的指令和意见。内部规则通常与政府权力机关独立，对应于普通法，但是外部规则与国家立法的法律对应（哈耶克，2000）。如果集体成员资格的界定标准是一种自我生发出来的社会秩序，就不需要国家实施干预。可是集体成员资格的界定标准可能不是自生自发出来的内部规则，因为村庄集体的形成、集体成员资格的形成深深打上了国家主导的烙印。但问题的复杂性在于，经过几十年的演化，集体成员资格界定标准中确实存在普通法传统。三是从国家法和习惯法的角度来看，两者之间既存在冲突，又存在一致，实践中还存在诸多互动。因此，国家正式的法律法规需要认真考虑民间的习惯，而民间的习惯已不是"原生的状态"，它在与国家法律法规的互动中不断地重塑着自己（高其才，2008；苏力，2000，2001）。从这一理论角度来看，如果国家通过法律法规来界定集体成员资格，需要考虑村庄集体界定集体成员资格的村规民约。但是现在的村规民约也已经不是纯粹的习惯法了，国家法对其影响已经很大。四是从关系产权的角度来看，产权就是一组关系（周雪光，2005）。社会关系中的权利并不独立于社会系统而单独客观地存在，只有社会系统中的行动者就权利达成了一致性的意见，权利才会存在（陈柏峰，2014）。从这一角度来看，集体成员资格的界定应该由所有集体成员就界定标准形成一致性的意见，这当然是一种理想化的状况。但是，如果不能形成一致性意见该怎么办？

集体成员资格应该由谁来界定，以上的理论分析视角提供了非常好的借鉴。但是，集体成员资格的界定其公共性到底有多强、外部性成本有多高？集体成员资格的界定标准是内部规则吗？是民间习惯法吗？是一种关系性产权

---

① 哈耶克将社会秩序规则分为内部规则和外部规则。

吗？可能需要对集体成员资格界定前的现实、界定中的成本和界定后的效果进行深入分析。界定集体成员资格必须考虑界定前的现实：一是集体的形成以及集体组织的权利与国家密切相关。根据前面的分析，当前集体形成于人民公社时期，而人民公社是国家控制却由集体承担后果的一种社会经济制度安排。人民公社的社员，不仅是生产者，同时也是政权组织体系的成员，具有国家身份（徐勇，2006）。我国集体组织的自治权利不是自然生长的，而是由国家赋予的。村民委员会也不是完全意义上的群众自治组织，其具有一定的基层地方行政功能（徐勇，2005）。这一现实决定了界定集体成员资格国家不可能离场，路径依赖决定了国家在界定集体成员资格过程中将扮演重要角色。二是集体成员的流动性日益加剧，规模加大。根据 2018 年国家统计公报，2018 年我国农民工总数为 2.88 亿，其中外出农民工为 1.73 亿。加上与农民工一起流动的家属，大量村庄集体成员外出是当前农村的一个基本事实，更为重要的是，许多农民工特别是新生代农民工市民化意愿还较为强烈。这就决定了界定集体成员资格的外部效应很大，并不仅仅只是村庄集体本身的事情。三是村庄集体的公共性欠缺、权威性不够。市场经济的冲击以及村庄集体自然的、经济的和社会的公共资源缺乏或被破坏，集体公共性越来越缺乏（黄平，2010）。特别是农村税费改革后，纯农区的集体经济日益空壳化，农民也日益原子化，村庄集体提供公共产品的能力越来越弱，村民对村庄集体的认同度也越来越低，村庄集体现在在村民心目中缺乏权威性。这就决定了完全依靠村庄集体的村规民约来界定集体成员资格可能不现实。界定集体成员资格必须考虑界定中的成本：一是信息成本。界定集体成员权的前提是要弄清楚各位准集体成员的信息，信息包含很多方面，既包括显性信息，也包括隐性信息，而且许多信息只有村庄集体内部人员掌握，这种信息远远超过政府部门登记的户籍信息。这就决定了界定集体成员资格必须依靠村庄集体。二是立法成本。界定集体成员资格无论是国家统一立法，还是各地方政府分别立法，确有必要。但是从立法成本的角度考虑，界定集体成员资格的法律法规不可能将界定的标准规定得十分详细，而且现实中关于集体成员的界定情况纷繁复杂，法律法规不可能涵盖所有的情况，因此即使制定了界定集体成员资格的法律法规，还是需要村庄集体来落实。三是组织成本。界定集体成员资格最后谁来组织落实，成本谁来负担，考虑到前面的信息成本和立法成本，还是需要村庄集体的参与①。界定集体成员资格必须考虑界定后的效果：一是取得成员资格的集体成员需得到绝大多数集体成员的认同。如果绝大多数集体成员不认同集体成员资格的界定，那么这种界定将是失败的。得到绝大多数集体成员认同的集体成员资格界定需满足两个条件：①绝大多数准集体成员或代表要参与集体成员资格的界定；②界定集体成员资格的标准要基本符合绝大多数集体成员的心理认知和观念。二是集体成员资格界定后需有利于村庄形成稳定和谐的共同体。如果集体成员资格的界定将瓦解甚至摧毁本已脆弱的村落共同体，那么这种界定也将是失败的。通过集体成员资格界定促进村落共同体的形成也要满足两个条件：①集体成员资格的界定需要得到绝大多数集体成员的认同；②界定集体成员资格必须与集体成员对村庄负有的义务相匹配，即权利义务对等。三是集体成员资格界定后需有利于集体成员权的退出。界定清晰的集体成员资格本身会有利于集体成员权（主要是其他集体成员权）的退出，但当前还缺乏系统的制度设计，这部分内容在后面论述集体成员资格的界定标准时还会涉及。根据以上阐述，本文的结论是界定集体成员资格需由国家和村庄集体共同来完成。

（三）界定集体成员资格主体的制度设计

界定集体成员资格需由国家和村庄集体共同来完成，那么如何来完成呢？

---

① 从各地界定集体成员资格、确定成员权益的实例来看，村庄集体组织发挥了很大作用，如广东佛山、四川成都，具体参见蒋省三，刘守英．土地资本化与农村工业化——广东省佛山市南海经济发展调查［J］．管理世界，2003（11）；北京大学国家发展研究院综合课题组．还权赋能——成都土地制度改革探索的调查研究［J］．国际经济评论，2010（2）．

首先，需要确定国家和村庄集体界定集体成员资格的边界，即国家界定什么、村庄集体界定什么，原则上来说，争议较大、带有普遍性、外部性很强的集体成员资格界定问题由国家通过制定基本标准来界定，如外嫁女和农民工的集体成员资格界定问题等。由于信息问题，国家不能界定的或界定成本很高的集体成员资格界定问题由村庄集体通过制定具体标准来界定。根据已有实践，许多村庄在符合法律法规的前提下，会根据集体成员履行村庄义务或对村庄的贡献来确定其享受成员权益的多少，这样的问题就需要村庄集体来界定①。界定集体成员资格国家应该是领导者、组织者、基本标准制定者、纠纷最终裁决者、确认颁证者，村庄集体是具体实施者、具体标准制定者。其次，国家以什么形式来界定集体成员资格。可以考虑在全国层面制定界定集体成员资格的法律，以增强权威性。但是界定集体成员资格存在区域的结构性差异，如经济发达地区和欠发达地区，由于界定集体成员资格带来的权益不一样，界定的紧迫性、界定过程中面临的矛盾等是不一样的。因此，从可行性角度来说，可以考虑在省级层面制定界定集体成员资格的地方性法规。界定集体成员资格的地方性法规至少应该包括界定集体成员资格的必要性、基本原则、基本标准、界定程序、集体成员享有的权利内容、争议分歧处置办法等。再次，国家和村庄集体如何组织实施集体成员资格的界定。界定集体成员资格，国家在试点的基础上既可以从上至下全面铺开，并制定完成界定的时间表，也可以按照有需求就界定的原则，国家常年开门接受集体成员资格的界定，当然后一种方式需要国家制定相关配套措施，如集体成员权的退出机制，以增强集体成员的自由选择，促进人力资源的优化配置。国家组织集体成员资格界定需要村庄集体具体实施：一是村庄集体根据国家的基本标准制定本单位界定集体成员资格的具体标

---

① 国家制定界定集体成员资格的基本标准，村庄集体制定界定集体成员资格的具体标准，村庄集体的具体标准除根据国家的基本标准界定集体成员资格外，更多的与享有集体成员权益相联系。

准。具体标准的制定需经本村村民会议 2/3 以上成员或 2/3 以上村民代表表决同意。在制定具体标准过程中，村民自治组织需要充分发挥在村精英的积极性和聪明才智，借鉴审议民主的思路，在具体标准进行投票表决前进行公共审议，使得村民通过自由和公开的讨论，深化对界定集体成员资格具体标准的理解，以提高村民参与的品质和决策的质量。二是村庄集体根据具体标准组织实施集体成员资格的界定，并将界定结果进行公示。三是将公示无异议的界定结果呈报当地政府。最后，地方政府根据法律或地方性法规以及村庄集体呈报的界定集体成员资格的结果代表国家予以颁证确认。对于集体成员资格，最后需国家颁证进行确认，主要原因在于增强界定的权威性。

二、集体成员资格的界定标准

（一）界定集体成员资格的标准之争

关于集体成员资格的界定标准，学者之间有争议。集体成员资格的界定标准一般分为两个类别：一个类别是单一的标准或者以单一的标准为主；另一个类别是复合的标准。第一个类别具体包括四种标准：一是将户籍作为标准或者以户籍作为主要标准。王利明等（2012）认为以户籍为标准的好处是有依据可查，可操作性比较强。但是，也有许多学者认为户籍在现实中可能不足以界定集体成员资格，如农村的空挂户问题、外嫁女问题等，应该将户籍的作用淡化（杨一介，2008；杨攀，2011；吴兴国，2006）。二是将承包合同作为标准。杨一介（2008）认为，以承包合同作为标准界定集体成员资格，将使集体成员资格的取得建立在一定法律行为的基础之上，如果农业转移人口的集体成员权益受到了侵害，其请求保护就有法律基础。但是，在"增人不增地、减人不减地"的政策原则下，许多新增的集体成员没有分到集体的土地，如果以此为标准，矛盾和纠纷将很多。三是将以土地为基本生存保障作为标准（杨攀，2011；韩松，2005）。但是，如何界定基本生存保障在实践中难以衡量。

四是将履行村庄义务作为标准（魏文斌等，2006；王利明等，2012）。但是，什么是村庄义务？界定起来可能难度比较大、争议比较多。现在农民也不需要缴纳各种农业税费，计划生育也放得比较开，农民履行的村庄义务似乎越来越少。第二个类别包括三种标准：一是将户籍和自治作为标准，如果两者之间发生了冲突，将依据"约定大于法定"的原则进行裁定（徐志强，2014）；二是将户籍和长期居住作为标准，以户籍的登记作为基本条件，以是否在村里长期居住的事实状态作为主要条件（吴兴国，2006）；三是将综合标准作为标准。如魏文斌等（2006）提出用四个指标来界定集体成员资格，即以土地作为基本生存保障、履行村庄义务、户籍、在村庄有固定的住所。

（二）关于集体成员资格界定标准的理论分析

前面已经分析，集体成员资格的界定需要国家和村庄集体共同来进行，国家通过法律法规的形式制定基本标准，村庄集体通过村规民约的形式制定具体标准。因为每个村庄界定集体成员资格的标准可能都不一样，所以这里主要对国家制定的基本标准进行分析。集体成员资格应该配置给谁，既是一个效率问题，也是一个公平问题。

从效率的角度看，分配集体成员资格如果达到帕累托最优就是有效率的。帕累托最优是这样一种分配状态，即无论做出怎样的改变都同时不会使至少一个人受益而其他人不受损失。可是集体成员资格是公共资源，其分配要达到帕累托最优面临三个方面的难题：第一，在没有市场的条件下，要获取被分配主体的个人偏好信息会很困难；第二，公共资源的被分配主体之间利益是竞争性的，即"我的分配将影响到你的分配"；第三，即使被分配主体的个人偏好信息能够获得，分配公共资源还面临政治上是否可行的问题（阿马蒂亚·森，2006）。所以，用效率的视角来分配集体成员资格可能不具有可操作性。

从公平的角度看，应该将集体成员资格分配给应得的人，但谁又是应得的人呢？不同的公平正义观得出的结论不一样。一是功利主义观点。功利主义者认为，如果资源的分配实现了最大多数人的最大幸福，就是公平的，就是正义的。功利主义者是"后果主义者"，如果分配集体成员资格产生了良好的后果，就认为是公平的。但是良好的后果如何界定？集体成员资格应该分配给最愿意留在村庄的老百姓、集体成员资格应该分配给只能留在村庄的老百姓、集体成员资格应该分配给最有利于村庄发展的老百姓，这三种后果哪一个更为良好？可能难以判断。另外，功利主义是依据个人效用的加总排序来评价资源分配结果的好坏程度（阿马蒂亚·森，2006），如果资源的分配实现了总效用最大化就是好的。根据个人边际效用递减规律，拥有资源多的人将一部分资源转移给拥有资源少的人，社会的总效用将会上升。所以，将集体成员资格分配给拥有资源少的人将导致社会的总效用增加。二是平等自由主义观点，这是罗尔斯的观点。罗尔斯从"原初立场"和"无知之幕"推导出两个正义原则，即平等自由原则与差别原则。当一个社会不平等时，罗尔斯认为应该让处于社会状况最差的人实现福利的最大化，即最大最小准则（戴维·米勒，2008）。根据罗尔斯的正义观，集体成员资格应该分配给处于社会状况最差的老百姓。三是平等主义观点。平等主义观点包括分配性平等和社会平等，分配性平等是指某一种利益应该进行平等的分配，社会平等是指每个人应该得到平等对待（戴维·米勒，2008）。根据平等主义观点，每个具有集体成员资格的候选人应该得到平等对待，集体的权益也应该平等地分配给所有集体成员。四是目的论或者本性论观点。亚里士多德持这种观点，他认为琴就应该分配给演奏得最好的人，资源就应该分配给能够使资源发挥最大效用的人（迈克尔·桑德尔，2012）。根据目的论或本性论观点，集体成员资格应该分配给对村庄发展最有利或者说对村庄发展做出最大贡献的人。五是自由至上主义观点，这种观点的代表是哈耶克和诺奇克。诺奇克认为公正的分配不能包含某一种特定的模式，我们不能够依据结果来判断是否公正，他认为只要分配程序合法就是公正的。哈耶克更是认为所谓"社会正义"就是一种不可能实现的"幻象"（邓正来，

2004），他认为是否正义应该以正当行为规则为条件。按照自由至上主义观点，界定集体成员资格的基本标准国家不需要制定，也不能制定，每个村庄集体只需要通过合法的程序来分配集体成员资格就行了。

（三）集体成员资格界定标准的厘定

国家界定集体成员资格的基本标准到底应该是什么？实践中，集体成员资格的纠纷主要集中在"流动人员"，即流出的集体成员和流入的集体成员。那些没有流动，一直居住生活在村庄集体的集体成员其成员资格是没有什么争议的。因此，集体成员资格的界定标准需要考虑时间变量。自国家实施以家庭承包经营为基础、统分结合的双层经营体制时起（所谓"分田到户"），户口一直没有迁出，原人民公社、生产大队、生产队三级的成员以及他们的子女是当然的集体成员，具有集体成员资格。而由于婚姻、务工、经商、入学、参军、政策性或者自愿的迁出迁入等因素出现的"流动性"集体成员，需要国家制定界定集体成员资格的基本标准。根据前面的阐述和学者的分析，集体成员资格界定一般用到了五个具体标准：一是户籍；二是以土地作为基本生活的保障；三是在村庄拥有比较固定的生产和生活；四是履行了村庄的义务；五是签署了农地承包合同。①户籍是集体成员资格界定的形式要件和必要条件。作为公民身份证明的户籍，记录和保存了关于人口的基本信息，而且通常每个人都有户籍，所以以户籍作为集体成员资格界定的形式要件既简单又方便，非常具有普遍性。一般来说，迁出户籍就表示集体成员资格的消失，户籍应该是集体成员资格界定的必要条件。②土地的财产性权益是附着在集体成员资格上的核心权益，可以说，集体成员资格的纠纷实质上就是集体土地财产权益的分配资格问题。以土地作为基本生活的保障应该成为集体成员资格界定的核心标准和实质标准。以土地作为基本生活保障需要考虑保障的长期性和实质性，如当前外出务工的集体成员，短期看他们的生活来源主要依靠在当地打工的工资性收入，不是经营土地的收入，但是这种收入具有短期性与不稳定性。现在对于农民来说，土地依然是他们的基本社会保障，这既是农村的现实社会需要，也是底线正义观的体现。我国低成本的现代化、较为稳定的农村社会、有序流动的上亿农民工、几乎没有贫民窟的城市等，这些都与农村土地发挥的基本生活保障功能紧密相关。当前，国家还没有财力完全承担8亿左右农民的社会保障。以土地作为基本生活保障拥有兜底作用，既体现了罗尔斯的平等自由主义正义观，更体现了底线伦理和底线正义，让只能生活在农村的人拥有基本的生活保障。③在村庄拥有比较固定的生产和生活作为集体成员资格的界定标准，主要目的是维护村庄共同体，以推进乡村振兴。假设拥有集体成员资格的人长期不在自己的村庄生产和生活，但是他们通过集体成员资格分享了集体的财产权益，那么这些集体成员就成了食利者阶层，长此以往，村庄共同体肯定会瓦解，乡村振兴将沦为空谈。在村庄拥有比较固定的生产和生活作为集体成员资格的界定标准，让愿意在农村生活的人能够获得集体成员资格。对于外出务工人员的集体成员资格界定，即使他们在一定时期内没有在村庄进行生产和生活，但只要户籍在村庄，依然以土地作为基本的生活保障，应该还是把他们界定为集体成员。④履行了村庄的义务作为集体成员资格的界定标准，主要是考虑到权利与义务对等的原则，也考虑到维护村庄共同体。2004年以前，缴纳"三提五统"是作为村庄集体的成员必须要履行的义务，不然不能享有集体成员的权益。2004年以后，国家免除了农业税费，县乡地方政府的搭车收费基本也一并取消。现在，以政府正式制度安排的集体成员义务几乎没有了，而且在"以工补农、以城带乡"的统筹城乡发展战略下，村庄集体成员不仅不需要履行义务，政府还有较多的各项补贴。当然，现在村庄内部还是存在一些需要集体成员履行的义务，如"一事一议"的筹款（几乎很难实行）、"最后一公里"问题、打扫卫生和环境整治等。因此，是否履行村庄的义务已不宜作为集体成员资格的界定标准。⑤将是否签署了土地承包合同作为集体成员资格的界定标准又是比较苛刻的。自《农村土地承包法》实施以来，法律规定承包期内原则上不调整土地，在村庄集体缺乏机动地的情况下，许多新出生与新迁入的集体成员就没有承包地可分，当然也就没有土地承包合同，但这不能妨碍他们作为集体成员分享集体财产权益。因此是否签署土地承包合同不能作为集体成员资格的界定标准。所以，国家界定集体成员资格的基本标准有三个：一是户籍；二是以土地作为基本的生活保障；三是在村庄拥有比较固定的生产和生活。

根据以上基本标准，下面具体来分析"流动性"集体成员的成员资格问题。

（1）因婚姻而流动的集体成员的资格界定问题。女方嫁入男方，如果户籍迁入男方所在的村庄，女方当然就获得户籍迁入村庄的集体成员资格。外嫁女包括农嫁女和城嫁女。对于农嫁女，如果户籍已迁出娘家所在的村庄，原有的集体成员资格当然丧失。如果户籍没有迁出，但女方以户的形式获得了男方的土地作为基本的生活保障，也不在娘家所在的村庄生产和生活，其原有的集体成员资格也应该丧失。对于城嫁女，无论户籍迁出与否，只要没有参加城镇的养老保险，就应该保留其原有的集体成员资格。上门女婿如果户籍已经迁入，以户为单位获得女方的土地作为基本的生活保障，并在村庄拥有比较固定的生产和生活，应该界定其为户籍所在地的集体成员。对于离婚妇女，如果户籍没有迁出，依然以土地为基本生活保障，集体成员资格应该保留；如果户籍已经迁出，原有集体成员资格将丧失。

（2）因务工经商而流动的集体成员的资格界定问题。务工经商离开村庄，并不在村庄生产和生活，如果户籍没有迁出，从长期来说还是以土地作为基本的生活保障，应该继续保留其集体成员资格。

（3）因入学、参军而流动的集体成员的资格界定问题。对于在外地上学的集体成员，上学期间，无论其户籍迁出与否，都应该继续保留其集体的成员资格，因为他们还是以土地作为基本的生活保障。但是他们毕业以后，如果户籍没有迁回村庄或将户籍从村庄迁出，集体成员资格丧失。这样有利于新型城镇化。对于参军的集体成员，在参军入伍期间，虽然户籍已经注销，但应该依然保留他们的集体成员资格，因为他们还是以土地作为基本的生活保障。但是退伍以后，如果他们没有在原来的村庄重新登记户籍，也没有在原来的村庄生产和生活，他们的集体成员资格将丧失。

（4）因政策性或自愿迁徙而流动的集体成员的资格界定问题。政策性移民或自愿迁徙而来的人口，如果户籍在本村庄、以土地作为基本的生活保障、在村庄拥有比较固定的生产的生活，应该界定为该集体的成员。

（5）因其他原因而流动的集体成员的资格界定问题。如服刑人员，在服刑期间，还是应该继续保留其集体成员资格；对于空挂户，只是户籍在本村庄，既不以土地作为基本的生活保障，也不在村庄生产和生活，当然不应该界定其为集体成员；至于退休回原籍农村落户的城镇职工，因为他们不以土地作为基本的生活保障，当然不具有集体成员资格。

第二节　农村土地的功能分析

　　研究农业转移人口土地退出问题，需要深入分析耕地和宅基地对于农业转移人口发挥的功能。只有满足了这些功能，农业转移人口才会退出土地。从经济和社会的角度来看，耕地和宅基地对于农业转移人口来说主要有四种功能，即就业功能、居住功能、保障功能和财产功能①。

---

　　①　从不同的角度来看，土地的功能是不一样的。如土地除财产和资产功能外，还有承载功能、生育功能、资源功能和生态功能等（参见毕宝德．土地经济学（第七版）［M］．北京：中国人民大学出版社，2016）。

一、土地的就业功能

土地的就业功能主要指耕地，当然附着在宅基地上的庭院经济也具有一定的就业功能①。从统计数据来看，无论绝对数还是相对比例数，从事第一产业农业的就业人员或在乡村从业的就业人员都在下降，说明农村土地的就业功能在弱化，但是土地的就业功能依然很重要。1978 年第一产业农业的就业人员占比是 70.5%，到 2017 年底，第一产业农业的就业人员占比是 27%。1998 ~ 2017 年农业就业人员的占比变迁见图 4 – 1。农业就业人员的绝对数下降从 1992 年开始，1992 年农业就业人员的绝对数由 1991 年的 3.91 亿下降到 3.87 亿，除 1998 年至 2002 年有小幅度上升外（农业就业人员由 1998 年的 3.52 亿上升到 2002 年的 3.66 亿）②，农业就业人员的绝对数一直处于下降状态，2017 年农业就业人员的绝对数是 2.09 亿。1978 年乡村就业人员占全国就业人员的

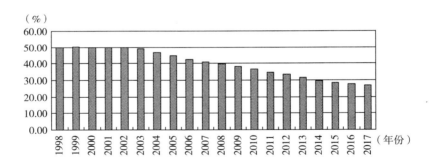

图 4 – 1 1998 ~ 2017 年农业就业人员占比

---

① 庭院经济是指农民以自己的住宅院落及其周围为基地，进行种养业、园艺和手工业等产业，为农户家庭提供就业、增加收入的经济。在农村一二三产业融合发展的背景下，庭院经济扮演着重要角色。

② 1998 ~ 2002 年第一产业农业就业人员的小幅度上升可能与 1998 年爆发的东南亚金融危机有关系。

比例是 76.3%，到 2018 年这一比例下降到 44%。1999～2018 年乡村就业人员的占比变迁见图 4-2。乡村就业人员绝对数下降从 1998 开始，1998 年乡村就业人员由 1997 年的 4.904 亿下降到 4.902 亿，2018 年乡村就业人员是 3.417 亿[①]。从以上统计数据来看，农村土地承载的就业功能依然很重要。农业转移人口退出土地，需要有稳定的就业。

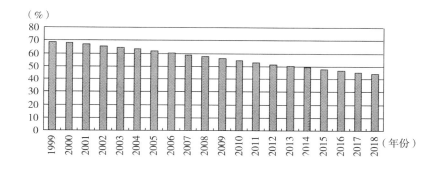

图 4-2 1999～2018 年乡村就业人员占比

二、土地的居住功能

土地的居住功能主要是指宅基地及其住房。2017 年农民人均住宅建筑面积是 32.6 平方米，比 1990 年农民人均住宅建筑面积 20.3 平方米增加了 60.6%[②]。从《中国城乡建设统计年鉴》的统计数据来看，我国农民人均住宅建筑面积一直到 2016 年都处于增长当中，2016 年农民人均住宅建筑面积是 33.6 平方米，但 2017 年农民人均住宅建筑面积比 2016 年减少了 1 平方米。图 4-3 描述了 1998～2017 年农民人均住宅建筑面积的变迁。根据《2017 年农民

---

① 数据来源：历年的《中国统计年鉴》。
② 数据来源：《中国城乡建设统计年鉴》（2017）。

工监测调查报告》，2017 年进城农民工人均居住面积为 19.8 平方米，和 2017 年农民在农村的人均住宅建筑面积相比，少了 12.8 平方米[1]。但更为重要的是农民工居住房屋的来源。在进城农民工中，租房居住的农民工占比 62.4%，单位或雇主提供住房的农民工占比 13.4%，购买住房的农民工占比 17.8%[2]。农民工只有在城镇购买了住房才会真正退出农村的住房及其宅基地，但当前农民工在城镇购买住房的比例还很低。

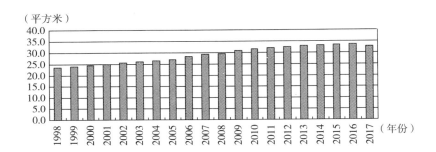

图 4 – 3 1998～2017 年农民人均住宅建筑面积

三、土地的保障功能

一直以来，农村土地承担着农民重要的社会保障功能。时至今日，农民虽然参加了养老保险、新型农村合作医疗，拥有最低生活保障，家庭（农业）经营收入的比重在持续下降，但土地承担的社会保障功能依然很重要[3]。1990

---

① 严格来说这样计算不精确，因为建筑面积和居住面积的概念是不一致的，建筑面积应该大于居住面积。

② 数据来源：《2016 年农民工监测调查报告》。

③ 关于土地的社会保障功能，学者之间依然存在争议。姚洋认为现阶段土地的社会保障已经非常弱了，他主要是从农民的土地收入来源来界定社会保障功能。贺雪峰认为现阶段土地的社会保障功能依然很重要，他主要是从底线保障，农民在城市失败后最后的退路这一视角来界定社会保障功能的。具体参见：姚洋. 控制房价最简单的办法是什么？［EB/OL］. 新华网，2017 – 03 – 28；贺雪峰. 土地私有化搞不得［EB/OL］. 爱思想网，2016 – 02 – 02。

年农民的人均纯收入为 686.31 元，其中工资性收入 138.8 元，占比 20.22%；家庭经营收入 518.6 元，占比 75.56%。2017 年农村居民的人均纯收入为 13432.4 元，其中工资性收入 5498.4 元，占比 40.93%；家庭经营收入为 5027.8 元，占比 37.43%。从 1990 年到 2017 年家庭（农业）经营收入占比由 75.56% 下降到 37.43%，下降了 38.13%。图 4-4 描述了 1998~2017 年工资性收入和家庭经营收入在农村居民人均纯收入中占比的变迁。2009 年国家启动新型农村社会养老保险试点，2012 年实现全覆盖，2014 年与城镇居民社会养老保险合并建立了统一的城乡居民基本养老保险制度。2017 年底城乡居民基本养老保险参保人数达到 5.13 亿人[①]。农民的基本养老保险待遇由基础养老金和个人账户养老金构成。基础养老金 2018 年提高到每人每月 88 元，个人账户养老金根据个人缴费年限和缴费标准计算。新型农村合作医疗从 2003 年起开始在全国部分县市试点，2010 年基本实现全覆盖，2016 年和城镇居民基本医疗保险进行整合，建立了统一的城乡居民基本医疗保险制度。2017 年参加城乡居民基本医疗保险人数为 8.74 亿[②]。农村最低生活保障制度是国家对家庭人均收入低于当地政府公告的最低生活标准的农村居民给予一定的现金资助，以保证该家庭成员基本生活所需的社会保障制度。2017 年享受最低生活保障的农村居民人数有 4045.2 万[③]。对于进城务工的农民工，根据《社会保险法》《劳动合同法》等法律法规规定，在城镇企业就业并签订劳动合同，就应该参加城镇企业职工基本养老保险，不受户籍的限制。农民工在城镇从事个体经营或灵活就业，既可参加职工养老保险，也可参加城乡居民养老保险。2017 年底参加城镇职工基本养老保险的农民工人数为 6202 万人。2017 年底参加城镇

[①]　数据来源：《2017 年度人力资源和社会保障事业发展统计公报》。自 2014 年开始，由于新农保和城镇居民社会养老保险合并，没有单独统计新农保的参保人数。

[②]　数据来源：《2017 年度人力资源和社会保障事业发展统计公报》。

[③]　数据来源：《中国农村统计年鉴》（2018）。

职工基本医疗保险的农民工人数为 6225 万人①。从以上分析来看，虽然城乡居民基本养老保险、城乡居民基本医疗保险基本覆盖了农村居民，贫困的农民享受最低生活保障，部分农民工还参加了城镇职工基本养老保险和医疗保险，但这些社会保障的层次还是低水平的，还不能完全替代土地的社会保障功能。

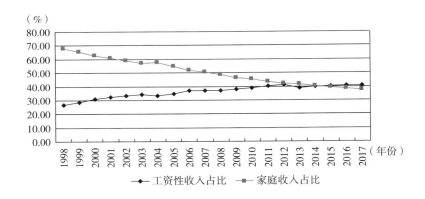

图 4 - 4　1998~2017 年农民工资性收入和家庭经营收入占比变迁

四、土地的财产功能

在农民的收入结构中，财产性收入虽然在不断增长，但占比一直比较低。1993 年国家开始对农民的财产性收入进行统计。1993 年农民的人均财产性收入只有 7 元，2017 年农民的人均财产性收入增加到 303 元，2017 年农民的人均财产性收入占农民人均纯收入的比重只有 2.26%。按道理说，农村耕地和住房应该是农民最大的财产，但因为法律政策和市场的限制，土地的财产性功能没有得到很好的发挥。国家最近几年实施的以"三权分置"为顶层设计的土地制度改革，旨在发挥土地的财产性功能，增加农民的财产性收入。2016

---

① 数据来源：《2017 年度人力资源和社会保障事业发展统计公报》。

年 10 月 30 日中共中央办公厅和国务院办公厅联合下发的《关于完善农村土地所有权 承包权 经营权分置办法的意见》指出："落实集体所有权，稳定农户承包权，放活土地经营权""在完善'三权分置'办法的过程中，要充分维护承包农户使用、流转、抵押、退出承包地等各项权能"。农户的土地承包权是一种具有身份性质的财产权，土地经营权应该定性为一种物权化的债权，土地承包权和土地经营权的分离实现了土地保障功能和财产功能的分割（高圣平，2018）。关于宅基地财产性的功能实现，党的十八届三中全会通过的《关于全面深化改革若干重大问题的决定》明确指出："保障农户宅基地用益物权，改革完善农村宅基地制度，选择若干试点，慎重稳妥推进农民住房财产权抵押、担保、转让，探索农民增加财产性收入渠道。"2018 年中央一号文件《关于实施乡村振兴战略的意见》首次提出："探索宅基地所有权、资格权、使用权'三权分置'，落实宅基地集体所有权，保障宅基地农户资格权和农民房屋财产权，适度放活宅基地和农民房屋使用权。"宅基地的"三权分置"为探索增加农民的财产性收入提供了可供选择的路径。如农民住房财产权的抵押权实现时，可以探索"房地分离"模式，受让人仅取得住房所有权，宅基地的使用权以租赁权的形式取得，这样农民住房财产权的转让可以不局限于集体经济组织内部，可以更好地发挥农民住房财产权的功能（高圣平，2019）。因此，农业转移人口退出土地需要充分考虑土地的财产功能。

第三节 农业转移人口土地退出面临的制约因素

当前，农业转移人口退出土地还面临许多制约因素，概括起来主要包括三个方面：一是农业转移人口城镇化面临的约束；二是农业转移人口土地退出机制面临的约束；三是农业转移人口土地退出的法律政策面临的约束。

一、农业转移人口城镇化面临的约束

只有农业转移人口真正城镇化了，他们才有退出土地的意愿，也才能够真正退出土地。农业转移人口城镇化一般以家庭为单位，城镇化需要满足的条件：一是农业转移人口的所有家庭成员都能够在城镇落户；二是农业转移人口在城镇有稳定的住所和稳定的就业；三是农业转移人口在城镇享有和城镇居民同等的社会保障；四是农业转移人口的子女能在城镇顺利入学。可以说这是农业转移人口城镇化需要满足的基本条件，只有这些基本条件满足了，农业转移人口才有可能退出土地。

农业转移人口在城镇落户的政策，有逐步放开和取消限制的趋势。2014年国务院发布的《关于进一步推进户籍制度改革的意见》明确指出，全面放开建制镇和小城市落户限制，有序放开中等城市落户限制，合理确定大城市落户条件，严格控制特大城市人口规模。2019年国家发改委发布的《2019年新型城镇化建设重点任务》的通知指出，城区常住人口100万~300万的Ⅱ型大城市要全面取消落户限制，城区常住人口300万~500万的Ⅰ型大城市要全面放开放宽落户条件，超大特大城市要调整完善积分落户政策，大幅增加落户规模、精简积分项目。但从各大城市实际出台的落户政策来看，北上广深等一线城市还是严格实行积分落户，各大省会城市除了石家庄实行"零门槛"① 落户以外，都还是存在不同程度的限制。从2017年以来，各大城市特别是省会城市掀起"抢人大战"，但"抢人大战"出台的落户政策是有学历要求的，至少

---

① 2019年3月18日石家庄公安局出台《关于全面放开我市城镇落户限制的实施意见》规定，省外户口人员仅凭居民身份证向落户地派出所申请户口迁入，同时可随迁配偶、子女、双方父母户口；省内户口人员凭居民身份证和户口簿向落户派出所申请"一站式"办理落户。

是中专学历及以上①，而对于初中及以下学历占到72.5%的农民工来说②，要在大城市落户还是很不容易。对于农业转移人口来说，在中小城市落户没有门槛，但中小城市的就业机会有限，对他们落户的吸引力不足；在大城市就业机会很多，农业转移人口有落户的意愿，但要落户还是有限制。

农业转移人口在城镇有稳定的住所和稳定的就业，任重道远。农业转移人口只有在城镇有稳定的住所和稳定的就业才能真正实现城镇化或市民化。根据《2018年农民工监测调查报告》，在进城农民工中，购买商品房的比例占17.4%，其余都是租房或单位雇主提供住房。2018年农民工月均收入为3721元，对于少则每平方米上万元，多则每平方米几万元的大城市房价来说，他们要购买住房将非常困难。根据黄宗智（2017）的研究，大多数农民工都在非正规经济中就业，没有或少有国家的劳动法律保护和社会福利。《2016年农民工监测调查报告》显示，在外出农民工中，61.8%的人没有劳动合同，在本地农民工中，68.6%的人没有劳动合同。可以说，大多数农民工的就业是不稳定的。

农业转移人口在城镇享有社会保障的比例还不高。根据《2017年度人力资源和社会保障事业发展统计公报》显示，2017年末参加城镇职工基本养老保险的农民工人数为6202万人，占农民工总人数的21.65%。2017年末参加基本医疗保险的农民工人数为6225万人，占农民工总人数的21.73%。2017年末参加失业保险的农民工人数为4897万人，占农民工总人数的17.09%。2017年末参加工伤保险的农民工人数为7807万人，占农民工总人数的27.25%。

---

① 黑龙江省发改委印发的《黑龙江省2018年推进新型城镇化建设重点任务》指出，哈尔滨对中专以上毕业生实行"零门槛"落户；2018年公布的《南昌市人才落户实施细则》指出，在南昌市大中专、职业技院校就读学生，凭新生入学通知书或在校学习证明办理落户。全国其他院校就读学生需将户口迁入南昌市的，可按在南昌市就读学生同等条件办理。

② 参见国家统计局公布的《2018年农民工监测调查报告》。

农业转移人口子女升学入园难、费用高的问题依然存在。根据教育部统计数据①，2017 年全国义务教育阶段农业转移人口随迁子女有 1406.6 万人，在公办学校就读的比例为 79.7%。从统计数据来看，2017 年还有 285 万处于义务教育阶段的农业转移人口随迁子女没有在公办学校入学。单成蔚等（2018）通过分析 25 个大城市相关政策文本，发现农业转移人口子女入学以积分制和条款型为主。积分制入学是当地教育行政主管部门对农业转移人口提交符合要求的材料进行累计积分，然后根据积分高低排队安排入学。条款型入学是指农业转移人口向当地教育行政主管部门提交所要求的各种证明材料再申请报名登记入学。他们发现农业转移人口子女入学存在证明材料繁多，有些城市的证明材料达到 17 项之多，有些证明材料指向性不明确，给农业转移人口带来理解上的困难或者准备上的繁琐，如当地无监护条件证明。农业转移人口城镇化除面临以上四个方面的约束以外，还面临对未来的预期、城市融入、心理调适等方面的约束。

二、农业转移人口土地退出机制面临的约束

现在无论是政策还是法律，都明确不以退出土地为农民进城落户的条件，并引导进城落户农民依法自愿有偿转让土地权益②。但是土地到底如何退出？如何建立健全土地退出机制？这是农业转移人口退出土地面临的重要约束。例如，耕地的退出，退给谁？以什么方式退出？怎么补偿？现在耕地退出途径主

---

① 数据来源：《中国教育概况——2017 年全国教育事业发展情况》。

② 2018 年中央一号文件《关于实施乡村振兴战略的意见》指出："维护进城落户农民土地承包权、宅基地使用权、集体收益分配权，引导进城落户农民依法自愿有偿转让上述权益。"2018 年 12 月 29 日新修订的《农村土地承包法》第二十七条规定："国家保护进城农户的土地承包经营权。不得以退出土地承包经营权作为农户进城落户的条件。承包期内，承包农户进城落户的，引导支持其按照自愿有偿原则依法在本集体经济组织内转让土地承包经营权或者将承包地交回发包方，也可以鼓励其流转土地经营权。"

要有两个：一是通过市场化的交易方式将耕地转让给本集体经济组织成员，转让的价格由交易双方协商确定。由于交易对象限于本集体经济组织内部，交易价格将很受限制。二是将耕地退还给集体经济组织，集体经济组织给农业转移人口以补偿。但集体经济组织根据什么标准给予农业转移人口补偿？是根据耕地剩余的承包年限对耕地收入进行贴现补偿，是根据政府征地的标准进行补偿，还是根据其他标准进行补偿？但更为重要的是，集体经济组织有没有能力对农业转移人口退出的土地进行补偿？根据笔者对湖南省162个村庄的调查，发现27.4%的村庄没有集体经济收入，是典型的"空壳村"，根本没有经济能力对农业转移人口退出的土地进行补偿。至于有集体经济收入的村庄，平均每村的集体经济收入也只有5.7万元，补偿农业转移人口退出土地的能力也不够。至于宅基地的退出更为复杂，因为宅基地和住房是一体的，退出宅基地意味着住房也要一起退出。2014年12月2日中央深改组审议通过《关于农村土地征收、集体经营性建设用地入市、宅基地制度改革试点工作的意见》，2015年2月27日，十二届全国人大常委会第十三次会议审议通过《关于授权国务院在北京市大兴区等三十三个试点县（市、区）行政区域暂时调整实施有关法律规定的决定》，授权三十三个试点县（市、区）进行宅基地制度等改革试点。改革试点原计划2017年底结束，但经历了两轮延期，2019年底结束，所以改革试点还在进行中。从中央深改组的文件以及改革实践来看①，是要探索进城落户农民在本集体经济组织内部自愿有偿退出或转让宅基地。但考虑到宅基地转让市场的局限以及集体经济组织对退回集体的宅基地其补偿能力的缺乏，农业转移人口即使愿意退出宅基地，但要实现顺利退出并不容易。农业转移人口宅基地的退出可能需要政府出台配套的政策措施，如重庆推出的"地

---

① 试点详情参见2018年12月23日在第十三届全国人民代表大会常务委员会第七次会议上《国务院关于农村土地征收、集体经营性建设用地入市、宅基地制度改革试点情况的总结报告》。

票"，不然在实践中难以实施。

三、农业转移人口土地退出的法律政策面临的约束

现在，不但农业转移人口土地退出机制没有建立，而且农业转移人口土地退出还面临着法律政策方面的约束。《农村土地承包法》2018 年 12 月 29 日进行了修订，2019 年 1 月 1 日正式施行。《土地管理法》2019 年 8 月 26 日进行了修订，2020 年 1 月 1 日正式实施。《农村土地承包法》和《土地管理法》对于农业转移人口退出承包地和宅基地都只是提出了遵循自愿有偿的原则，没有其他细化和可操作的规定。当前，承包地的确权登记已经于 2018 年底基本完成，现在政府部门正在组织"回头看"，进一步排查确权登记过程中存在的诸如漏人漏地、信息不准等问题①。笔者所在的湖南省，承包地的确权登记证书还没有下发。宅基地的确权登记虽然从 2016 年就开始试点，但许多地方还没有完成。中央要求 2020 年底前全面完成宅基地的确权登记。笔者所在的湖南省，宅基地确权登记还没有完成。确权登记是耕地和宅基地退出的基础性工作，也是耕地和宅基地退出的前提。如果四至不清晰、产权不明确，耕地和宅基地是没有办法实现顺利退出的。现在除了农业转移人口土地退出本身面临一些法律政策方面的约束以外，在法律政策方面还面临着另一个重要问题：农业转移人口退出耕地和宅基地以后，是否还需要退出其他集体成员权益，如集体经济收益分配权（以其他集体土地成员权益为主）。如果需要退出其他集体成员权益的话，有两个问题需要解决：一是集体成员资格的界定，即界定农业转移人口是否属于某一个集体经济组织的成员；二是集体经济收益分配权如何退出。2016 年 12 月 26 日中共中央、国务院发布《关于稳步推进农村集体产权制度改革的意见》，目标是通过改革，逐步构建归属清晰、权能完整、流转顺

---

① 详情请查看《农业农村部政策与改革司 2019 年工作要点》。

畅、保护严格的中国特色社会主义农村集体产权制度，保护和发展农民作为农村集体经济组织成员的合法权益。截至 2018 年底，开展集体产权制度改革试点的县（市、区）已经有 1000 多个，超过全国县级单位总数的 1/3①。集体产权制度改革试点完成地区，通过集体成员确认、资产量化、股权设置等环节，成立了集体经济组织。这样，农业转移人口退出耕地和宅基地以后，必然还涉及集体经济收益分配权的退出，现在关于农业转移人口集体经济收益分配权的退出问题既没有政策规定，也没有法律规制。

第四节　农业转移人口土地退出的经济学分析框架

按照一般的经济学分析框架，农业转移人口是否退出土地取决于退出土地的预期收益和保有土地的预期收益之间的差额。如果差额为正，农业转移人口倾向于退出土地；如果差额为负，农业转移人口倾向于保有土地。农业转移人口退出土地以农户家庭为单位，不以个人为单位，即农业转移人口退出和保留土地是以整个农户家庭的预期收益为考量依据，而不是以农业转移人口个人的预期收益为考量依据。我们假定农业转移人口家庭只拥有土地和劳动两种生产要素，退出土地意味着一次性获得退出土地的补偿，家庭劳动力全部配置在城镇，家庭收益全部来自城镇的非农收益；保留土地意味着家庭劳动力在城镇和农村分别进行配置，家庭收益既有来自城镇的非农收益，也有来自农村的农业收益。农业转移人口退出土地意味着在城镇定居落户，整个家庭从农村搬迁到

---

① 参看 2019 年 3 月 29 日中国新闻网《农业农村部：农村集体产权制度改革深入推进》，网址：http：//www. chinanews. com/cj/2019/03－29/8794667. shtml。

城镇，有搬迁成本，但也能获得和享有城镇各种制度性收益，如教育、医疗、经济适用房、各种社会保障等①，当然农村的各种相关制度性收益就不能享用了。另外，在城镇定居落户其生活成本一般要比农村的生活成本要高。农业转移人口保留土地意味着农业转移人口的家庭还是在农村居住②，农业转移人口需要在城镇和农村之间进行持续的"候鸟式"迁徙，需要支付迁徙成本。

根据以上假定，在若干时期内（n 期），农业转移人口（以家庭为单位）保有土地的预期收益可以用数理公式（4－1）来表示：

$$R_1 = \int_{t=0}^{n} \left((N_1 - L)P(t)Y_u(t) + pf_r(L,E) - C_m \right) e^{-rt} dt \qquad (4-1)$$

其中，N_1 表示农业转移人口家庭的总劳动力人数，L 表示在农村务农的劳动力人数，$N_1 - L$ 表示转移到城镇就业的劳动力人数，$P(t)$ 表示 t 期一个转移到城镇就业的劳动力累加的就业概率③，$Y_u(t)$ 表示一个转移到城镇就业的劳动力在 t 期获得的平均收入；L 和 E 分别表示农业转移人口的家庭投入农业的劳动力和土地数量，$fr(L,E)$ 表示农业生产函数，p 表示农产品价格，$pfr(L,E)$ 表示农业收益；C_m 表示农业转移人口在城镇和农村来回的迁徙成本。农业转移人口保有土地的预期收益是转移到城镇就业的劳动力获得非农收益和留在农村的劳动力获得的农业收益之和，然后减去农业转移人口在城镇和农村来回的迁徙成本。

在若干时期内（n 期），农业转移人口（以家庭为单位）退出土地的预期

---

① 现在基本养老保险和基本医疗保险已经实现了城乡统一，但就教育和医疗资源的质量来说，城镇明显要好于农村。

② 现实生活中可能存在农业转移人口在城镇定居落户，但依然保留农村土地的情况，这是现在的政策允许的。但一般来说，如果农业转移人口全家都在城镇定居落户了，出于交易成本的考虑，还是会退出土地。

③ 数理公式中引入就业概率是借鉴了托达罗的人口流动模型。托达罗认为，城镇就业存在失业的情况，因此人口流动模型需要引入就业概率这个变量。参见谭崇台. 发展经济学［M］. 太原：山西经济出版社，2006.

收益可以用数理公式（4-2）来表示[①]：

$$R_2 = \int_{t=0}^{n} (N_1 P(t) Y_u(t) + NI(t) - NU(t)) e^{-rt} dt + R_E - C_v \qquad (4-2)$$

其中，N_1 表示农业转移人口家庭的总劳动力人数，N 表示农业转移人口家庭的总人数，$I(t)$ 表示城镇和乡村制度性收益方面的差异，$U(t)$ 表示城镇和乡村生活成本方面的差异，R_E 表示农业转移人口退出土地获得一次性的补偿，C_v 表示农业转移人口家庭从农村搬迁到城镇需花费的搬迁费用。

农业转移人口家庭城乡制度性收益差异 $NI(t)$ 可用式（4-3）表示：

$$NI(t) = NI_u(t) - NI_r(t) \qquad (4-3)$$

其中，$I_u(t)$ 表示城镇的制度性收益，$I_r(t)$ 表示农村的制度性收益。前面已经阐述，制度性收益主要包括教育、医疗、经济适用房和社会保障等，城镇和乡村的制度性收益不仅仅体现在数量上，更体现在质量上，当前城镇的教育和医疗明显要好于农村。

农业转移人口家庭城乡生活成本收益差异 $NU(t)$ 可用式（4-4）表示：

$$NU(t) = NU_u(t) - NU_r(t) \qquad (4-4)$$

其中，$U_u(t)$ 表示城镇的生活成本，$U_r(t)$ 表示农村的生活成本。通常来说，城镇的生活成本要高于农村的生活成本。

将式（4-3）和式（4-4）代入式（4-2）得到：

$$R_2 = \int_{t=0}^{n} (N_1 P(t) Y_u(t) + (NI_u(t) - NI_r(t)) - (NU_u(t) - NU_r(t)) e^{-rt} dt +$$
$$R_E - C_v \qquad (4-5)$$

从以上分析可以得出，当 $R_1 < R_2$ 时，即农业转移人口（以家庭为单位）保有土地的预期收益小于农业转移人口（以家庭为单位）退出土地的预期收

---

① 农业转移人口（以家庭为单位）退出土地的预期收益的数理公式得到了钟水映等对托达罗模型的再修正的启发。参见钟水映，李春香. 乡城人口流动的理论解释：农村人口退出视角——托达罗模型的再修正 [J]. 人口研究，2015（6）：13-21.

益，农业转移人口（以家庭为单位）倾向于退出土地；反过来，农业转移人口（以家庭为单位）则倾向于保有土地。

第五节　小结

本章从理论上分析了农业转移人口退出土地的问题。首先，论述了权利界定是农业转移人口土地退出的前提。耕地的确权登记在 2018 年底之前已经基本完成，宅基地的确权登记现在正在进行，其他集体土地成员权的确权中央要求 2020 年底完成。界定农业转移人口的集体成员身份或资格是界定农业转移人口土地权利的重要内容，本章研究了"谁来界定集体成员资格"和"按照什么标准界定集体成员资格"两个问题。界定集体成员资格需由国家和村庄集体共同来完成。争议较大、带有普遍性、外部性很强的集体成员资格界定问题由国家通过制定基本标准来界定，由于信息问题国家不能界定的或界定成本很高的集体成员资格界定问题由村庄集体通过制定具体标准来界定。界定集体成员资格的基本标准：一是户籍；二是以土地为基本生活保障；三是在村庄有较为固定的生产和生活。其次，基于农业转移人口的视角，深入分析了农村耕地和宅基地承载的主要功能。在当前发展阶段，对于农业转移人口来说，农村土地具有四种功能，即就业功能、居住功能、保障功能和财产功能。再次，阐述了农业转移人口退出土地面临的约束条件：一是农业转移人口城镇化面临所有家庭成员顺利落户、稳定住所、子女入学和社会保障等方面的约束；二是农业转移人口退出土地面临如何退出、如何补偿等土地退出机制方面的约束；三是土地退出还面临着诸如宅基地确权登记、集体成员资格和集体收益分配权如何退出等法律政策方面的约束。最后，建立了农业转移人口土地退出的经济学分析框架，只有农业转移人口（以家庭为单位）退出土地的预期收益高于保有土地的预期收益，农业转移人口才会退出土地，不然，农业转移人口倾向于保有土地。

第五章 农业转移人口土地
退出的实证研究

第四章从理论上分析了农业转移人口土地退出问题，本章将从实证的角度研究农业转移人口土地退出问题。本章主要包括三个方面的内容：一是根据自己的调研成果分析当前农业转移人口土地处置的现状并进行评价。二是对试点地区农业转移人口土地退出的经验做法进行阐述、分析和评价。三是利用对农业转移人口的调查实证研究他们退出耕地和宅基地的意愿及其影响因素。

第一节 当前农业转移人口土地处置现状及其评价

一、当前农业转移人口土地处置现状

当前，农业劳动力转移到城镇就业以后，他们的耕地处置方式主要有三种：一是由家庭留守的老人、妇女来耕种，即通过家庭内部分工来解决耕地耕种问题；二是将耕地流转给在村的其他农民进行耕种；三是耕地抛荒。根据笔

者对283名农业转移人口的问卷调研，有46.8%的样本的耕地是由家庭留守的老人、妇女来耕种的；有42.7%的样本的耕地是流转给其他农户进行耕种的；还有10.6%的样本的耕地是抛荒的（见图5-1）。农业转移人口的土地处置方式基本能遵循自己的意愿，村庄和基层政府的干预比较少。根据笔者对湖南省162个村庄的问卷调研，发现94.8%的村庄对于举家外出的农业转移人口（户口没有迁出）的耕地由农业转移人口自己处置，村庄不进行干预。对于户口已经举家迁出的农业转移人口的耕地处置，75.2%的村庄也不予干预，由农业转移人口自行处置，只有24.8%的村庄实行耕地收回。农业转移人口的宅基地（含住房）处置方式有三种：一是由家庭留守人员居住；二是将宅基地连同住房租给别人居住；三是闲置。宅基地的第一种处置方式最多，根据笔者对283名农业转移人口的调查，80.1%的宅基地连同住房是农业转移人口的家庭留守人员居住。宅基地的第二种处置方式最少，只有0.7%的宅基地连同住房租给别人居住。这主要是因为农村缺乏流动人口，农民自己基本都有住房，几乎没有住房租赁的市场。宅基地的第三种处置方式有19.1%，即接近1/5的宅

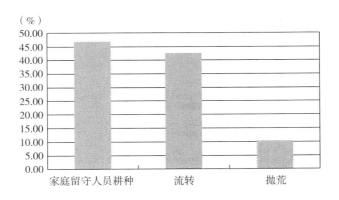

图5-1 农业转移人口耕地处置方式现状

基地连同住房是闲置的①（见图 5 - 2）。

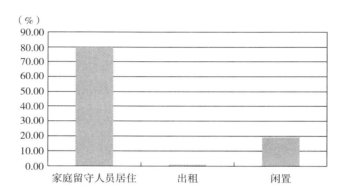

图 5 - 2　农业转移人口宅基地处置方式现状

二、对当前农业转移人口土地处置现状的评价

对于资源配置的效率，经济学上通常采用帕累托效率。帕累托效率是指资源配置达到了这样一种状态，不可能使任何人的境况变坏的条件下，至少使一个人的境况变得更好，这种状态也被称为帕累托最优。如果通过改善资源配置方法，在所有人的境况没有变坏的情况下，如果能使至少一个人的境况变得更好，那么这种资源配置的改善被称为帕累托改进②。下面主要根据帕累托效率标准对农业转移人口的土地处置现状进行分析评价。

在农业转移人口耕地处置的三种方式当中，最缺乏帕累托效率的处置方式应该是耕地抛荒。耕地抛荒以后，农业转移人口没有获得任何经济收益，复垦

---

① 其他学者的调查结果显示，宅基地连同住房的闲置情况可能更为严重。根据《农村绿皮书：中国农村经济形势分析与预测（2018 - 2019）》的抽样调查，2018 年农村宅基地空置率为 10.7%，空房率最高达七成。

② 哈尔·R. 范里安. 微观经济学：现代观点 ［M］. 上海：格致出版社，2012.

还需要付出较大的成本①。而且耕地抛荒与我们国家耕地稀缺的国情也极不相适应。如果耕地能够通过流转实现耕种将是典型的帕累托改进②。耕地流转通常被认为是有效率的③：一是耕地从低效率农户转移配置到高效率农户，实现了耕地资源的优化配置。二是耕地转入方的支付意愿会高于耕地转出方愿意接受的最低价格。那么当前农业转移人口的耕地流转是否还有帕累托改进的空间呢？答案是肯定的。从笔者的调查来看，绝大部分农业转移人口流转的耕地是由本村的农户来流转的，占到93.85%，只有6.15%的农业转移人口的耕地流转给了外来的大户或企业④。从实地调查来看，农业转移人口流转给本村农户的耕地，一般期限比较短，租金比较低，一些甚至连合同也没有签，只是进行口头约定。这样转入耕地的农户因为没有稳定而长期的预期，就不敢进行长期的规划、投入和土壤改良。另外，当前农村耕地的转入者要少于耕地的转出者（不然就不会出现抛荒的情况），根据福利经济学第一定理存在的假设前提之一，只有存在足够多的交易者以确保每个交易者都致力于竞争时，竞争均衡的概念才有意义（只有竞争均衡才是帕累托有效率)⑤。农业转移人口耕地处置的第三种方式是由其家庭留守人员进行耕种，这种耕地处置方式依然存在帕累托改进的空间，因为家庭留守人员耕种土地，投入新的生产要素的可能性比较低，耕地产出率与原来相比一般是下降的。

　　在农业转移人口的宅基地处置方式中，宅基地连同住房闲置应该是最缺乏

---

①　耕地抛荒以后，会杂草丛生，复垦需要支付较大的成本，而且抛荒的时间越长，复垦的难度越大，成本越高。

②　当然，农业转移人口的耕地没有流转出去而抛荒的原因，除耕地细碎化、水利交通等基础设施不完善等原因以外，最主要的原因是当前耕地流转市场不完善，没有转移的农村劳动力在没有能力投入新的生产要素以追逐更高农业收益的情况下，是没有动力流转耕地的。

③　对于耕地流转的效率，也有学者从土地产出率和全要素生产率得出了不同的结论，土地产出率（亩均产量）和全要素生产率与土地经营规模负相关。参见陈海磊，史清华，顾海英. 农户土地流转是有效率的吗？——以山西为例［J］. 中国农村经济，2014（7）：61–71.

④　数据来源：笔者的问卷调查。

⑤　哈尔. R. 范里安. 微观经济学：现代观点［M］. 上海：格致出版社，2012.

效率的。根据第三次全国农业普查的数据，截至 2016 年末，我国农村有 2.3 亿农户，99.5% 的农户都拥有自己的住房，这样农户的住房至少有 2.29 亿套①。根据《农村绿皮书：中国农村经济形势分析与预测 (2018 - 2019)》给出的农村宅基地空置率为 10.7% 的比例估算，农村至少有 2450 万套住房闲置。住房闲置被称为"沉睡的资本"，如何将这一巨量的"沉睡的资本"实现资源配置的帕累托改进，可能难度很大。因为农村住房的租赁和转让市场都极度缺乏，农村本身缺乏住房的需求者，而城镇的需求者又被法律和政策阻挡在市场之外。至于农业转移人口的宅基地（含住房）由家庭留守人员居住，也很难说是有效率的，但要实现帕累托改进似乎也没有什么好办法②。

第二节　试点地区农业转移人口土地退出的经验做法及其评价

农业转移人口土地退出的地方实践可以分为两个阶段：第一阶段为各个地方政府和集体经济组织根据实际需要自己推行的土地退出实践；第二阶段为国家层面统一组织和实行的土地退出试点实验。2014 年 12 月 1 日当时的国家农业部会同中央农办、中组部等农村改革试验区工作联席会议成员单位下发了《关于第二批农村改革试验区和试验任务的批复》，全国共有 34 个县市参与该项改革试验，其中农村土地承包经营权退出是重要试点实验内容。2014 年 12

---

① 农户实际的住房套数超过了 2.29 亿套，因为 11.6% 的农户拥有 2 套住房，0.9% 的农户拥有 3 套住房，还有 8.7% 的农户拥有商品房。

② 但也有学者认为，农业转移人口宅基地连同住房的闲置是农村稳定、中国渐进城镇化、国家现代化需要支付的应有代价，从这一角度来看，似乎不能用效率损失来衡量。具体参见夏柱智，贺雪峰. 半工半耕与中国渐进城镇化模式 [J]. 中国社会科学，2017 (12)：117 - 127.

月 2 日中央深改组第七次会议审议通过《关于农村土地征收、集体经营性建设用地入市、宅基地制度改革试点工作的意见》，其中自愿有偿退出或转让宅基地是宅基地制度改革重要试点工作内容。

一、第一阶段农业转移人口土地退出的经验做法及其评价（2014 年之前）

从现有研究文献以及媒体报道来看，2014 年之前农业转移人口退出土地主要是地方政府在统筹城乡发展、本地农民变市民过程中的一些经验做法，如浙江嘉兴的"两分两换"、天津的宅基地换房、重庆市户籍制度改革对农民承包地和宅基地的处置政策等[①]。

（一）经验做法

1. 浙江嘉兴的"两分两换"

浙江嘉兴在统筹城乡发展过程中，为推进"土地节约集约有增量，农民安居乐业有保障"，实施"两分两换"土地使用制度改革。"两分两换"是指将宅基地和承包地分开，搬迁与土地流转分开，以承包地换股、换租、换保障，推进集约经营，转换生产方式；以宅基地换钱、换房、换地方，推进集中居住，转变生活方式[②]。农民将土地承包经营权换股、换租主要通过市场主导的土地流转来实现，换保障需要政府政策支持，如嘉兴市规定对以租金或入股长期（10 年以上）全部流转土地承包经营权的农户，在参加城乡居民社会养老保险时，可选择按城镇居民缴费基数缴费[③]，政府给予对立的财政补贴。农民的宅基地换钱、换房和换地方，主要是地方政府通过将农民退出的宅基地复

---

① 实际上，农业转移人口退出土地的经验做法远超过本书的阐述，只是这些做法经媒体报道和学者提炼后影响比较大而已。其实，农业转移人口通过市场化转让来退出承包地和宅基地也不少，有些地方的转让范围突破了集体经济组织内部。

② 请参见中共嘉兴市委、嘉兴市政府《关于进一步优化土地使用制度推进"两分两换"工作的通知》（嘉委发〔2009〕38 号）。

③ 当时城镇居民养老保险和新型农村养老保险还没有统一。

垦为耕地，获得城镇建设用地指标，然后通过新增城镇建设用地出让获得收入以补偿农民，根据农民意愿可以以城镇住房补偿农民，也可以以货币补偿农民。在农民退出宅基地过程中，首先需要"建新"（给农民建城镇住房）或给农民直接补贴才能"拆旧"，因此政府成立的投资公司先要通过银行融资以"建新"，然后通过"拆旧"获得的建设用地指标出让来偿还银行贷款（徐保根等，2011）。

2. 天津的宅基地换房

从 2006 年开始，天津市借助原国土资源部的城乡建设用地增减挂钩试点政策①，以东丽区华明镇为首批试点，采取以宅基地换房的方式，在农民拥护和耕地不减少的条件下，规划建设新的示范小城镇。主要方式和步骤：一是东丽区政府编制规划，报天津市政府审批同意后，组建投融资机构具体负责小城镇建设；二是天津市国土部门下达土地挂钩周转指标；三是村民提出换房申请，并与地方政府签订换房协议；四是小城镇住房建好后，地方政府按照与农民签订的换房协议分配城镇住房；五是农民搬迁后将原宅基地复垦为耕地，归还土地挂钩周转指标。天津宅基地换房的关键就是将农民退出的宅基地复垦为耕地，将农村节约的建设用地指标用于小城镇开发，除建设农民住宅以外，结余的建设用地用于出让开发，出让开发的收入用于平衡小城镇建设资金，这样做到了地方政府不拨钱、老百姓不掏钱。在农民宅基地换房过程中，东丽区地方政府还通过"三改一化"（"农改非""村改居""集体经济改股份制经济"，城乡一体化）改革，使农民在原有待遇上增加了就业、医疗、养老保障等城

---

① 城乡建设用地增减挂钩是指依据土地利用总体规划，将若干拟整理复垦为耕地的农村建设用地地块（即拆旧地块）和拟用于城镇建设的地块（即建新地块）等面积共同组成建新拆旧项目区，通过建新拆旧和土地复垦等措施，在保证项目区内各类土地面积平衡的基础上，最终实现增加耕地有效面积，提高耕地质量，节约集约利用建设用地，城乡用地布局更合理的目标。2004 年 10 月 21 日国务院发布的《关于深化改革严格土地管理的决定》就提出了"城镇建设用地要与农村建设用地减少相挂钩"，2008 年 6 月 27 日原国土资源部正式颁发《城乡建设用地增减挂钩试点管理办法》。

镇市民待遇，成为了拥有"四金"（薪金、租金、股金、保障金）的农民。天津市东丽区通过城乡建设用地挂钩试点先后开展了 4 批次小城镇建设，规划总面积 925 万平方米，总投资 670 亿元，涉及 67 个村 18.5 万农民①。

3. 重庆户改：承包地和宅基地"三年过渡"

2007 年 6 月 7 日国家发改委批准重庆市和成都市设立国家级统筹城乡综合配套改革试验区。重庆市为推动统筹城乡改革取得实质性突破，以推动符合条件的农民工特别是新生代农民工转户进城为突破口，引导农村居民向城镇有序转移。根据重庆市政府 2010 年 7 月 25 日颁布的《关于统筹城乡户籍制度改革的意见》，本市籍农村居民在主城区务工经商 5 年以上或者购买了商品住房或者投资兴办实业、3 年累计纳税 10 万元或 1 年纳税 5 万元以上，本人及其共同居住生活的配偶、子女可在主城区合法稳定住所迁移入户；本市籍农村居民在远郊 31 个区县城落户条件要比主城区宽松，在乡镇落户本着自愿的原则，没有附加条件②。对于农村居民转为城镇居民的，允许自转户之日起 3 年内可以继续保留承包地、宅基地及住房的收益权和使用权。对于自愿退出承包地的，按照第二轮土地承包期内剩余的承包年限和同类耕地流转的平均收益给予补偿。对于自愿退出宅基地及其住房的，按照同期当地征地政策对农村住房及其附着物给予一次性补偿，并参照地票③价款政策对宅基地使用权进行一次性补偿。

---

① 请参见《天津市东丽区宅基地换房政策解读》，https://www.tuliu.con/read-53002.html.

② 2015 年 8 月 25 日重庆市人民政府又颁布了《关于进一步推进户籍制度改革的实施意见》，对于本市籍农业转移人口落户条件稍有调整，但调整不大。

③ 重庆市的地票是指将农村闲置的宅基地及其附属用地存量、乡镇企业用地、公共设施用地等集体建设用地复垦为耕地，增加的耕地就作为国家建设用地新增的指标。这个指标除保障农村的建设以外，结余的指标就形成了地票。地票通过交易，获得地票的企业就可以申请将土地利用规划区内的农用地转征为国有建设用地。重庆市的地票交易实质上还是城乡建设用地指标挂钩交易。具体参见黄奇帆．重庆地票制度是怎么一回事？[N]．学习时报，2015-05-04。

（二）评价

从第一阶段农业转移人口土地退出的经验做法来看，呈现四个特点：一是从地域上来看，主要集中在城市郊区或经济发达地区；二是从对象上来看，主要是本地农民的市民化或城镇化；三是从退出方式上来看，主要是当地政府主导的土地退出，而市场化退出比较少，用通俗的话来说，"政府要农民退出超过了农民自己要退出"；四是从筹资途径上来看，主要通过城乡建设用地增减挂钩用结余的城镇建设用地指标出让形成的收入。这一阶段农业转移人口退出土地之所以呈现以上四个特点，与当时的两个发展背景紧密相关：一是统筹城乡发展的背景。2003 年党的十六大正式提出统筹城乡发展。从中央出台的相关文件来看，简单来说，统筹城乡发展就是通过以工补农、以城带乡，最终实现城乡经济社会发展一体化①。统筹城乡发展的地方实践几乎都把推动农村富余劳动力转移和将进城务工农民向城镇居民转化作为重要内容②。二是严格土地管理的背景。针对低水平重复建设、圈占土地和乱占滥用耕地等问题，2004 年 10 月 21 日国务院出台了《关于深化改革严格土地管理的决定》，该文件明确实行最严格的土地管理制度，加强土地利用计划管理，从严从紧控制农用地转为建设用地的总量和速度。农用地转用的年度计划实行指令性管理，没有农用地转用年度计划指标的，不得批准用地。严格执行占用耕地补偿制度，即各类非农业建设经批准占用耕地的，建设单位必须补充数量、质量相当的耕地。统筹城乡发展中农业转移人口的市民化需要资金和土地，而在严格土地管理的背景下，城镇发展占用耕地、农地转用又非常困难。如何解决这一对矛盾，宅基地换房、承包地换社保和地票交易似乎成了不二选择。通过将农民的宅基地

---

① 请参看党的十六届三中全会审议通过的《中共中央关于完善社会主义市场经济体制若干问题的决定》、2004～2008 年出台的中央一号文件等。

② 请参看 2009 年 6 月 23 日重庆市人民政府出台的《重庆市统筹城乡综合配套改革试验总体方案》。

复垦为耕地，节约出来的建设用地指标置换到城市，既解决了农业转移人口市民化和城镇化的资金与土地问题，又保持了耕地总量不减少。从这个角度来看，这一阶段农业转移人口退出土地的经验做法实现了地方政府和农业转移人口的双赢。如果农业转移人口退出宅基地和承包地是完全自愿的，那么这种退出方式应该是有效率的。但从媒体报道和学者研究来看，这几个试点地区农业转移人口退出宅基地和承包地不一定是完全自愿的。2008 年 10 月 14 日出版的《南方周末》刊发了记者王小乔对天津宅基地换房的调查：《天津土改调查：农民同意但不满意》。调查显示，建成 1 年多的华明镇示范小区，仍有 1/4 的房屋无人还迁。居住在华明镇示范小区的多数农民还希望继续种田，但集中居住后离耕地太远只能选择出租房屋。重庆行政学院的滕亚为对重庆"一小时经济圈"农民的转户退地意愿进行调查，发现只有 2.7% 的人愿意转让宅基地，9.3% 的人愿意转让承包地，对重庆远郊区县农民的转户退地意愿进行调查，发现也只有 6.4% 的人愿意转让宅基地，15% 的人愿意转让承包地（滕亚为，2011）。这一阶段由地方政府从上自下推行的宅基地换房和承包地换保障，市民化和城镇化后的当地农民可能面临一个可持续生计问题。因为他们一直以来在农业和农村领域积累的人力资本可能在城镇没有用武之地，要重新积累符合城镇就业的人力资本可能非常艰难。在城镇，可持续生计资本①的缺乏将直接导致农业转移人口可行能力②的下降。如果用帕累托最优来衡量效率、用可持续生计理论和阿马蒂亚·森的可行能力标准来衡量公平，那么第一阶段试点地区农业转移人口的宅基地换房、承包地换保障以及地票交易等经验做法无论从效率还是公平的角度还有较大的提升空间。

---

① 可持续生计资本包括自然资本、物质资本、金融资本、人力资本和社会资本（请参见苏芳，徐中民，尚海洋. 可持续生计分析研究综述 [J]. 地球科学进展，2009（1）：61 – 68）。

② 可行能力是阿马蒂亚·森提出的概念，可行能力是一个人能否获得福利的真正机会和选择的自由，人与人之间是否平等，最终取决于可行能力是否平等（请参见袁方，史清华. 不平等之再检验：可行能力和收入不平等与农民工福利 [J]. 管理世界，2013（10）：49 – 61）。

二、第二阶段农业转移人口土地退出的经验做法及其评价（2014年之后）

如果说第一阶段农业转移人口土地退出是地方政府为了统筹城乡发展、推动本地农民变市民过程中"被动做的土地文章"的话，那么第二阶段农业转移人口土地退出则是国家统一组织和实行的土地退出试点地区"专门和主动做的土地文章"。与第一阶段相比，第二阶段农业转移人口土地退出的试点地区更多，经验做法更丰富。

（一）经验做法

1. 宁夏平罗：政府收储 + 以地养老 + 内部交易

平罗县以"插花安置①"生态移民为契机，县政府出资500万元设立土地和房屋产权退出收储基金，其中300万元为土地承包经营权退出收储基金，200万元为宅基地和房屋退出收储基金②。平罗县政府制定出台了《平罗县农民集体土地和房屋产权自愿永久退出收储暂行办法》，该文件就退出条件、退出程序、收储补偿和退出土地和房屋处置进行了规定③。退出条件是土地和房屋产权必须明确，拥有土地承包经营权证、宅基地使用权证和房屋所有权证；退出农户在城镇有稳定的就业和固定住所；经土地和房屋共有人及集体经济组织同意，放弃村集体经济组织成员身份和权益。退出程序包括申请、审核、价值评估、签订协议、注销登记五个环节。收储补偿是永久退出的承包地按照当年土地流转价格上浮5%及第二轮剩余的承包年限进行评估给予逐年或一次性补偿；宅基地和房屋按照确权颁证面积进行评估后予以补偿，对临时新建的不予补偿；对于集体经济组织的收益按照人均分配标准给予一次性补偿。退出的

---

① "插花安置"生态移民是相对于过去集中安置来说的，通过"大分散、小集中"的策略，利用村庄闲置房屋，配套耕地以后将移民分散填充进去。

② 生态移民每户有12万元的安置资金，生态移民"插花安置"过程中超过12万元安置资金的费用由政府的收储基金进行补充。

③ 该文件收集在《平罗年鉴》（2014）。

土地和房屋处置一是"插花安置"移民;二是村集体经济组织进行土地流转;三是对于整村退出的宅基地复垦为耕地进行流转。截至 2015 年 9 月,平罗县已经收储 1718 户农民的宅基地和住房,收储耕地 8650 亩,"插花安置"生态移民 1174 户(高强,2017)。

平罗县还针对农村人口老龄化比较严重的问题,制定了《老年农民自愿退出转让集体土地和房屋产权及社会保障暂行办法》,探索老年人退地土地实现"以地养老"。对于老年人退出土地,其基本程序和补偿标准与政府收储土地的基本程序和补偿标准是一样的,但也有一些针对老年人的特殊规定,如老年人和子女共有房屋和宅基地,可以只退出承包地。如果老年人是户主的,必须经共有人和集体经济组织同意才能退出土地。老年人退出承包地可以一次性转让获得补偿,也可以以土地流转收益缴纳养老金。老年人退出宅基地可以复垦为耕地,用耕地的流转收益置换养老金(高强,2017)。

政府收储土地和针对老年农民的"以地养老",始终面临政府资金有限、可持续性差等问题,平罗县积极探索集体经济组织内部转让承包地、宅基地和住房。这种农户之间的土地市场化交易行为只需要政府做好相应的服务就可以了,可持续性比较好。

2. 重庆梁平:进退联动

重庆市梁平县作为国家农村改革试验区,主要是农业转移人口的承包地退出。梁平县制定了《农村土地承包经营权试点退出实施办法(试行)》,概括起来主要有两种承包地退出模式:一是"完全退出、集中使用"模式。这种模式要求农户将承包地全部退还给村集体,村集体一次性支付补偿金,退地农户彻底放弃土地的承包经营权。村集体将农户退出的承包地通过"小并大、零拼整"的办法集中连片以后,再统一向新型农业经营主体招租和发包。二是"部分退出、进退联动"模式。这种模式先由新型农业经营主体提出某一地块的使用意向,然后通过与地块所有者(村集体)和承包农户协商,确定土地退出标准、三方的收益分配和权责关系等。承包农户与村集体签订退地协议，新型农业经营主体与村集体签订租地协议。在具体实施过程中，外村的新型农业经营主体可以将户口迁入土地所在的村集体，以《农村土地承包法》第四十八条、第四十九条规定的"其他方式的承包"方式进行承包。梁平县为了防范土地退出的社会风险，也明确了退地农户在城镇必须要有固定住所、稳定的收入来源、参加了城乡居民社会养老保险和医疗保险等前置条件。政府还安排了土地退出周转金，当村集体不能一次性向退地农户支付补偿金时，先由政府的周转金进行垫付，然后村集体用退出土地的收益偿还政府的周转金（刘同山，2016）。

3. 广东南海："股改"退出模式

广东南海的土地股份合作制改革早在 20 世纪 90 年代就开始了，1993 年 8 月 31 日中共南海市委、南海市人民政府颁发了《关于推行农村股份合作制的意见》①。农村股份合作制的实质就是在农村社区合作经济组织基础上建立起来的，将原属于集体所有的土地、固定资产和资金等生产要素，以股份的形式量化为组织内部农民共同占有，农民依据股份享受收益的一种农村新体制。但是一直以来，合作组织中除直接以现金入股并有明确规定的股权外，其他的股权原则上不能继承，不能抵押，不能转让，更不能向集体退股变现。可以说当时农民的股权不存在有偿退出问题。2014 年，南海市开始探索股权确权到户的改革，并实行"股份占有，户内共享，按股分配，社内流转"。2017 年 11 月 8 日南海区人民政府②颁发《村（居）集体经济组织成员股权（股份）管理流转交易办法》，该文件规定同一集体经济组织内股权户与股权户之间可以进行股权转让、赠与和继承等，并对股权流转交易设置了限制条件，如未经村

---

① 请参见《南海年鉴》（2014）。
② 行政区划调整以后南海市改为了南海区。

（居）股权管理办同意而擅自进行股权流转的，拒不履行兵役、计划生育、赡养老人等义务将股权流转交易的，通过欺诈、胁迫等不正当手段取得股权的，都在限制流转交易之列。股权跨户转让实行公开竞价转让和协议转让两种方式。

4. 安徽金寨：补偿 + 奖励

安徽省金寨县是国家级贫困县，也是国家农村宅基地改革试点县。金寨县在脱贫攻坚过程中，以农村宅基地制度改革为抓手，探索出将宅基地退出与易地扶贫搬迁相结合的新路子。金寨县 2016 年 4 月 1 日颁发了《金寨县农村宅基地自愿退出奖励扶持办法（试行）》，该文件规定对于颁发了农村集体土地使用权证和符合"一户一宅"建造条件的宅基地实行自愿有偿退出，明确了宅基地和房屋的退出补偿标准，如宅基地按 70 元/平方米的标准予以补偿，框架结构和砖混结构的房屋分别按 600 元/平方米和 430 元/平方米的标准进行补偿。对于签订了宅基地退出协议的农户，在限定时间内腾出房屋和在城镇购买住房实行奖励。自签订宅基地退出协议之日起 6 个月内腾退房屋和宅基地并经验收合格的，房屋补偿标准在原标准基础上上浮 30%；在 2016 年 12 月 31 日之前到县城规划区购买商品房并承诺不再申请农村新宅基地的农户予以奖励，如按购买面积给予 800 元/平方米（房票）的奖励（最高不超过 100 平方米），符合宅基地申请条件自愿放弃申请的再给予 2 万元/户的奖励，符合政策规定的易地扶贫搬迁资金补助等。宅基地退出补偿（补助）资金，由集体经济组织支付，资金不足的部分，由县、乡镇政府垫付，并按有关规定直接打卡发放到户。集体经济组织实现宅基地增值收益时，县政府从增值收益中扣除垫付的宅基地退出补偿（补助）等相关费用。

（二）评价

与第一阶段相比，第二阶段试点地区农业转移人口退出土地的经验做法呈现了一些不同的特点：一是从地域来看，除发达地区以外，也有欠发达地区，安徽金寨还是国家级贫困县；二是从对象来看，除本地农民就地城镇化以外，更有外出农民工退出承包地和宅基地；三是从退出方式来看，虽然也有政府主导，如宁夏平罗和安徽金寨，但市场化的退出方式越来越多，如重庆梁平的"进退联动"；四是从筹资渠道来看，除政府筹资以外，通过城乡建设用地增减挂钩，用结余的城镇建设用地指标出让获得收入的减少，市场化筹资和集体经济组织本身筹资在增加。在第二阶段，也有两个背景值得注意：一是脱贫攻坚的背景。2013 年 11 月 3 日，习近平总书记在湖南湘西十八洞村首次提出"精准扶贫"的理念。2015 年 11 月 29 日，中共中央、国务院正式发布《关于打赢脱贫攻坚战的决定》，提出"举全党全社会之力，坚决打赢脱贫攻坚战""确保 2020 年农村贫困人口实现脱贫"。在脱贫攻坚过程中，易地扶贫搬迁作为一种扶贫方式涉及宅基地和承包地的退出。宁夏平罗"插花安置"生态移民和安徽金寨的宅基地退出就是利用易地扶贫搬迁的资金进行的。二是进城落户农民土地退出政策的变化背景。2014 年 7 月 30 日国务院发布《关于进一步推进户籍制度改革的意见》，明确"现阶段，不得以退出土地承包经营权、宅基地使用权、集体收益分配权作为农民进城落户的条件"。这与原来《农村土地承包法》规定"承包期内，承包方全家迁入设区的市，转为非农业户口的，应当将承包的耕地和草地交回发包方。承包方不交回的，发包方可以收回承包的耕地和草地"有很大变化，法律和政策对农民土地产权的保护越来越严格。这一阶段农业转移人口退出土地采用市场化方式退出的增多，广东南海允许农民拥有的股权进行流转交易都与进城落户农民土地退出政策的变化有关。在第二阶段，政府主导的与易地扶贫搬迁相联系的土地退出，农业转移人口是完全自愿的，也是富有效率的。至于通过市场化方式退出宅基地、承包地和股权的，更是富有效率的。对于已经在城镇就业的农业转移人口，之所以愿意通过市场化的方式自愿转让宅基地、承包地和股权，是因为他们认为转让土地的收益要超过保有土地的收益，或者说在现有约束条件下他们实际接受的土地转让收益超过了他们愿意接受的最小支付。由于已经在城镇就业，他们拥有和积累的人力资本本身就与城镇的岗位相匹配，具有在城镇生活的生计资本和可行能力。当前农业转移人口通过市场化方式退出宅基地和承包地或股权还值得改善的地方就是受政策的影响，市场的范围受到限制，即只能在集体经济组织内部转让承包权、宅基地使用权和股权。

第三节　农业转移人口土地退出意愿及其影响因素

一、农业转移人口耕地退出意愿及其影响因素

（一）农业转移人口的耕地退出意愿

本章使用的数据为笔者调研数据，数据主要通过招募笔者所在的农林经济管理系的本科生利用寒假对当地春节返乡的农民工进行调研。为保证问卷调研的质量，规定每位学生的调研对象不超过 5 个。最后收集调研样本 315 个，剔除无效样本后，有效样本为 283 个，涉及 15 个省份（湖南、重庆、广东、江西、河南、四川、湖北、甘肃、云南、陕西、山东、山西、广西、贵州、河北）。

农业转移人口耕地退出意愿问卷设计了三个选项：一是不愿意；二是不确定；三是愿意。这三个选项的分布人数和比例见表 5 - 1。从统计数据来看，农业转移人口愿意退出耕地的比例只有 15.9% ，不愿意退出耕地的比例达到 43.5% ，剩余的 40.6% 还不确定。

为进一步分析农业转移人口耕地退出意愿的分布特点，我们根据农业转移人口的年龄、性别、文化程度、家庭耕地数量和农业转移人口月均收入等变

量，对农业转移人口耕地退出意愿的状况进行了初步研究。

表 5 - 1　农业转移人口耕地退出意愿的分布人数及比例　单位：人；%

不愿意		不确定		愿意	
人数	比例	人数	比例	人数	比例
123	43.5	115	40.6	45	15.9

从不同年龄农业转移人口的耕地退出意愿分布（见表 5 - 2）来看，无论哪一个年龄阶段，农业转移人口愿意退出耕地的比例都是最低的。在三个年龄阶段中，30～45 岁的农业转移人口愿意退出耕地的意愿最低，占比 11.82%，46 岁及以上愿意退出耕地的意愿最高，占比 21.05%；在不愿意退出耕地的样本分布中，最高的是 46 岁及以上的农业转移人口，占比 49.12%，最低的是 30～45 岁的农业转移人口，占比 40%；在退出耕地意愿不确定的样本分布中，30～45 岁的农业转移人口耕地退出意愿不确定占比最高，达到 48.18%，最低的是 46 岁及以上的农业转移人口，占比 29.82%。

表 5 - 2　不同年龄农业转移人口的耕地退出意愿分布人数及比例

单位：人；%

	不愿意		不确定		愿意		合计	
	人数	比例	人数	比例	人数	比例	人数	比例
29 岁及以下	51	43.97	45	38.79	20	17.24	116	40.99
30～45 岁	44	40	53	48.18	13	11.82	110	38.87
46 岁及以上	28	49.12	17	29.82	12	21.05	57	20.14

从不同性别农业转移人口的耕地退出意愿分布（见表 5 - 3）来看，无论是男性还是女性，不愿意退出耕地的比例分别都超过耕地退出意愿为不确定和

愿意的比例。在不愿意退出耕地的样本分布中，男性的比例稍微超过了女性，男性占比 43.75%，女性占比 42.67%；在退出耕地意愿为不确定的样本分布中，男性的比例超过女性，男性占比 41.34%，女性占比 38.67%；在愿意退出耕地的样本分布中，女性超过男性，女性占比 18.67%，男性占比 14.90%。

表5-3 不同性别农业转移人口的耕地退出意愿分布人数及比例

单位：人；%

	不愿意		不确定		愿意		合计	
	人数	比例	人数	比例	人数	比例	人数	比例
女	32	42.67	29	38.67	14	18.67	75	26.50
男	91	43.75	86	41.34	31	14.90	208	73.50

从不同文化程度农业转移人口的耕地退出意愿分布（见表5-4）来看，无论什么文化程度，愿意退出耕地的比例都是最低的。在不愿意退出耕地的样本分布中，呈现了文化程度越低越不愿意退出耕地的趋势，小学及以下不愿意退出耕地的比例为 45.65%，初中为 43.18%，高中及以上为 42.86%；在耕地退出意愿为不确定的样本分布中，初中的占比最高，为 44.70%，小学及以下的占比最低，为 32.61%；在愿意退出耕地的样本分布中，小学及以下的占比最高，为 21.74%，初中的占比最低，为 12.12%。

表5-4 不同文化程度农业转移人口的耕地退出意愿分布人数及比例

单位：人；%

	不愿意		不确定		愿意		合计	
	人数	比例	人数	比例	人数	比例	人数	比例
小学及以下	21	45.65	15	32.61	10	21.74	46	16.25
初中	57	43.18	59	44.70	16	12.12	132	46.64
高中及以上	45	42.86	41	39.05	19	18.09	105	37.10

从不同家庭耕地数量农业转移人口的耕地退出意愿分布（见表5－5）来看，无论家庭耕地数量多少，愿意退出耕地的比例都是最低的。在不愿意退出耕地的样本分布中，占比最高为2.1～4亩，2亩及以下的占比最低，为38.82%；在耕地退出意愿为不确定的样本分布中，占比最高为2亩及以下，2.1～4亩的占比最低，为35.82%；在愿意退出耕地的样本分布中，2亩及以下的占比为14.12%，2.1～4亩的占比为16.42%，4.1亩及以上的占比为17.19%，呈现了家庭耕地数量越多越愿意退出耕地的趋势。

表5－5　不同家庭耕地数量农业转移人口的耕地退出意愿分布人数及比例

单位：人;%

	不愿意		不确定		愿意		合计	
	人数	比例	人数	比例	人数	比例	人数	比例
2亩及以下	33	38.82	40	47.06	12	14.12	85	30.04
2.1～4亩	64	47.76	48	35.82	22	16.42	134	47.35
4.1亩及以上	26	40.63	27	42.19	11	17.19	64	22.61

从不同月均收入农业转移人口的耕地退出意愿分布（见表5－6）来看，无论月均收入高低与否，愿意退出耕地的比例都是最低的。在不愿意退出耕地的样本分布中，3000元及以下的占比为42.42%，3001～5000元的占比为43.13%，5001元及以上的占比为46.93%，呈现了月均收入越高越不愿意退出耕地的趋势；在耕地退出意愿为不确定的样本分布中，3001～5000元的占比最高，为41.18%，3000元及以下的占比最低，为40.15%；在愿意退出耕地的样本分布中，3000元及以下的占比为17.42%，3001～5000元的占比为15.69%，5001元及以上的占比为12.24%，呈现了月均收入越低越愿意退出耕地的趋势。

表5－6 不同月均收入农业转移人口的耕地退出意愿分布人数及比例

单位：人；%

	不愿意		不确定		愿意		合计	
	人数	比例	人数	比例	人数	比例	人数	比例
3000元及以下	56	42.42	53	40.15	23	17.42	132	46.64
3001~5000元	44	43.13	42	41.18	16	15.69	102	36.04
5001元及以上	23	46.93	20	40.81	6	12.24	49	17.31

（二）农业转移人口耕地退出意愿的影响因素分析

1. 变量描述与模型设定

根据上一章农业转移人口土地退出的理论分析以及其他学者研究，本章将影响农业转移人口耕地退出的解释变量分为七大类，即个体特征变量、家庭特征变量、耕地状况及产权认知变量、人力资本变量、工作及收入状况变量、住房与保障状况变量、未来预期及城市融入变量。个体特征变量包括性别、年龄、婚姻状况三个变量；家庭特征变量包括家庭人口数量、子女数量、是否有60岁以上老人三个变量；耕地状况及产权认知变量包括家庭耕地数量、耕地是否抛荒、耕地归谁所有①三个变量；人力资本变量包括受教育程度、是否拥有技能、健康状况三个变量；工作及收入状况变量包括近五年换了几次工作、农业经营收入占家庭收入的百分比、城镇务工月均收入三个变量；住房与保障状况变量包括在城镇是否买房、在务工单位是否参加各类社会保险两个变量；未来预期及城市融入变量包括未来在哪里定居、在务工城镇是否受到歧视、是

---

① "耕地归谁所有"在政策上和法律上是明确的，所有权归集体。但对于农业转移人口来说可不一样，笔者多次调研证实，在"耕地（或土地）归谁所有"有三个答案，即国家、集体和农民个人，这三个答案的背后代表农业转移人口对耕地（或土地）的权属认知是不一样的。因此在设计农业转移人口土地退出问卷时将"耕地归谁所有"这一问题纳入。

否难以融入城市生活三个变量。解释变量的描述性统计见表5-7。

表5-7 解释变量的描述性统计

解释变量		定义及赋值	均值	标准差
个体特征变量	性别	男=1，女=0	0.73	0.44
	年龄	实际调查数据	35.07	11.32
	婚姻状况	已婚=1，未婚=0	0.74	0.44
家庭特征变量	家庭人口数量	实际调查数据	4.56	1.65
	子女数量	实际调查数据	2.14	0.93
	是否有60岁以上老人	是=1，否=0	0.75	0.43
耕地状况及产权认知变量	家庭耕地数量（亩）	实际调查数据	4.23	5.32
	耕地是否抛荒	是=1，否=0	0.11	0.32
	耕地归谁所有	国家=1，集体=2，农民=3	1.94	0.87
人力资本变量	受教育程度	文盲、小学、初中、高中、中专、大专、本科及以上分别赋值1~7	3.61	1.43
	是否拥有技能	是=1，否=0	0.59	0.49
	健康状况	很健康、比较健康、一般、比较不健康、很不健康分别赋值1~5	1.79	0.80
工作及收入状况变量	近五年换了几次工作	实际调查数据	3.12	1.80
	农业经营收入占家庭收入的百分比（%）	根据实际调查数据核算	15.59	17.80
	城镇务工月均收入（元）	实际调查数据	4077.30	2543.16
住房与保障状况变量	在城镇是否买房	是=1，否=0	0.07	0.263
	在务工单位是否参加各类社会保险	是=1，否=0	0.65	0.478
未来预期及城市融入变量	未来在哪里定居	农村老家=0，不知道=1，城镇=2	0.86	0.90
	在务工城镇是否受到歧视	几乎没有=0，说不清=1，偶尔=2，经常=3	0.80	0.90
	是否难以融入城市生活	是=1，否=0	0.12	0.33

由于因变量（Y）农业转移人口耕地退出意愿是三分类离散变量（"不愿

意" = 0、"不确定" = 1、"愿意" = 2），于是建立三分类定序 Logit 模型。由于因变量 Y 有三个类别（$Y = 0$，1，2），则其概率估计分别为：

$$\Pr(y_i = 0 \mid x_i) = \frac{1}{1 + \exp^{(x_i \beta_1)} + \exp^{(x_i \beta_2)}}$$

$$\Pr(y_i = 1 \mid x_i) = \frac{\exp^{(x_i \beta_1)}}{1 + \exp^{(x_i \beta_0)} + \exp^{(x_i \beta_2)}}$$

$$\Pr(y_i = 2 \mid x_i) = \frac{\exp^{(x_i \beta_2)}}{1 + \exp^{(x_i \beta_0)} + \exp^{(x_i \beta_1)}}$$

其中，$\Pr(y_i = 0 \mid x_i) + \Pr(y_i = 1 \mid x_i) + \Pr(y_i = 2 \mid x_i) = 1$。

本章的基本模型设定如下：农业转移人口耕地退出意愿 = F（个体特征变量、家庭特征变量、耕地状况及产权认知变量、人力资本变量、工作及收入状况变量、住房与保障状况变量、未来预期及城市融入变量） + 随机扰动项，即：

$$y = F(x_1, x_2, x_3, \cdots, x_{20}) + \varepsilon$$

2. 计量结果分析

本章通过 SPSS16.0 实施模型运算，对调查数据进行三分类定序 Logit 回归，估计结果见表 5 - 8。

表 5 - 8　农业转移人口耕地退出意愿影响因素三分类定序 Logit 回归结果

解释变量		系数	标准误	Wald
个体特征变量	性别	0.212	0.284	0.558
	年龄	0.011	0.016	0.461
	婚姻状况	0.188	0.389	0.233
家庭特征变量	家庭人口数量	0.069	0.079	0.772
	子女数量	-0.061	0.178	0.117
	是否有 60 岁以上老人	-0.185	0.274	0.460

续表

	解释变量	系数	标准误	Wald
耕地状况及产权认知变量	家庭耕地数量（亩）	-0.010	0.027	0.150
	耕地是否抛荒	-0.750**	0.376	3.971
	耕地归谁所有	-0.355**	0.140	6.459
人力资本变量	受教育程度	-0.049	0.103	0.225
	是否拥有技能	-0.010	0.260	0.002
	健康状况	0.377**	0.164	5.291
工作及收入状况变量	近五年换了几次工作	0.117*	0.070	2.851
	农业经营收入占家庭收入的百分比（%）	0.008	0.008	1.143
	城镇务工月均收入（元）	0.000	0.000	0.083
住房与保障状况变量	在城镇是否买房	0.253	0.507	0.249
	在务工单位是否参加各类社会保险	-0.314	0.257	1.493
未来预期及城市融入变量	未来在哪里定居	0.291**	0.148	3.847
	在务工城镇是否受到歧视	-0.096	0.138	0.483
	是否难以融入城市生活	-0.040	0.363	0.012
临界点估计值（$y=0$）		0.082	1.245	0.004
临界点估计值（$y=1$）		2.170*	1.253	2.997
样本数		283		
Pearson 检验		544.864		
R – Square		0.113		

注：*、**、***分别表示系数在10%、5%和1%的统计水平上显著。

（1）个体特征变量对农业转移人口退出耕地的影响分析。性别变量对农业转移人口退出耕地有正向影响但统计上不显著，说明不能得出男性比女性更倾向退出耕地的结论。年龄变量对农业转移人口退出耕地也有正向影响，但统计上不显著。婚姻状况变量对农业转移人口退出耕地也有正向影响，但统计上不显著，没有得出已婚比未婚更倾向退出耕地的结论。

（2）家庭特征变量对农业转移人口退出耕地的影响分析。家庭人口数量变量对农业转移人口退出耕地有正向影响，但统计上不显著，不能得出家庭人口越多越愿意退出耕地的结论。子女数量变量对农业转移人口耕地退出有负向影响，但统计上不显著，不能得出子女数量越多越不愿意退出耕地的结论。是否有 60 岁以上老人变量对农业转移人口耕地退出有负向影响，但统计上不显著，也不能得出家庭有老人就不愿意退出耕地的结论。

（3）耕地状况及产权认知变量对农业转移人口退出耕地的影响分析。家庭耕地数量变量对农业转移人口退出耕地有负向影响，但统计上不显著，不能得出家庭耕地数量越多越不愿意退出耕地的结论。耕地是否抛荒变量对农业转移人口退出耕地有负向影响，且在 5% 的统计水平上显著，说明家里耕地抛荒的农业转移人口更不愿意退出耕地，这与耕地抛荒应该更愿意退出耕地的一般结论相违背。可能的原因是耕地抛荒是因为土地细碎化、水利或交通条件不好引起的，而不是农业转移人口家庭不愿意耕种或别人不愿意流转导致的。另外，耕地可能还是农业转移人口的某种社会保障或"退路"，就是抛荒了也不愿意退出放弃。耕地归谁所有变量对农业转移人口退出有负向影响，且在 5% 的统计水平上显著，说明越是认为耕地是农民所有的农业转移人口越不愿意退出耕地，这个逻辑很好理解。

（4）人力资本变量对农业转移人口退出耕地的影响分析。受教育程度变量对农业转移人口退出耕地有负向影响，但统计上不显著，不能得出受教育程度越高越不愿意退出耕地的结论。是否拥有技能变量对农业转移人口退出耕地有负向影响，但统计上不显著，也不能得出拥有技能的农业转移人口更不愿意退出耕地的结论。健康状况变量对农业转移人口退出耕地有正向影响且在 5% 的统计水平上显著，说明健康状况越不好的农业转移人口越愿意退出耕地，可能的原因是健康状况不好会影响耕地耕种，所以愿意退出耕地。

（5）工作及收入状况变量对农业转移人口退出耕地的影响分析。近五年换了几次工作变量对农业转移人口退出耕地有正向影响且在 10% 的统计水平上显著，说明近五年换工作次数越多的农业转移人口越愿意退出耕地。可能的原因是换工作次数越多说明定居城市的意愿更强烈，积累的经验和人力资本更丰厚，定居城市的可能性也更大。农业经营收入占家庭收入的百分比变量对农业转移人口退出耕地有正向影响，但统计上不显著，说明不能得出农业经营收入占家庭收入的百分比越高越愿意退出耕地的结论。城镇务工月均收入变量对农业转移人口退出耕地的影响为零，但统计上不显著，因此也不能得出农业转移人口的务工收入对其退出耕地没有影响。

（6）住房与保障状况变量对农业转移人口退出耕地的影响分析。在城镇是否买房变量对农业转移人口退出耕地有正向影响，但统计上不显著，说明不能得出在城镇已经买房的农业转移人口更愿意退出耕地的结论。在务工单位是否参加各类社会保险变量对农业转移人口退出耕地有负向影响，但统计上不显著，这也说明不能得出在务工单位参加了社会保险的农业转移人口更不愿意退出耕地的结论。

（7）未来预期及城市融入变量对农业转移人口退出耕地的影响分析。未来在哪里定居变量对农业转移人口退出耕地有正向影响且在5%的统计水平上显著，说明未来规划在城市定居的农业转移人口更愿意退出耕地。在务工城镇是否受到歧视变量对农业转移人口退出耕地有负向影响，但统计上不显著，说明不能得出越在城镇受到歧视越不愿意退出耕地的结论。是否难以融入城市生活变量对农业转移人口退出耕地有负向影响，但统计上不显著，说明不能得出更难以融入城市生活的农业转移人口更不愿意退出耕地的结论。

二、农业转移人口宅基地退出意愿及其影响因素

（一）农业转移人口的宅基地退出意愿

农业转移人口宅基地退出意愿问卷设计了三个选项：一是不愿意；二是不确定；三是愿意。这三个选项的分布人数和比例见表5-9。从统计数据来看，农业转移人口愿意退出宅基地的比例只有9.2%，不愿意退出宅基地的比例达

到 55.5% ，剩余的 35.3% 还不确定。

表 5 – 9　农业转移人口宅基地退出意愿的分布人数及比例　单位：人；%

不愿意		不确定		愿意	
人数	比例	人数	比例	人数	比例
157	55.5	100	35.3	26	9.2

　　为进一步分析农业转移人口宅基地退出意愿的分布特点，我们根据农业转移人口的年龄、性别、文化程度、家庭宅基地面积和农业转移人口月均收入等变量，对农业转移人口宅基地退出意愿的状况进行了初步研究。

　　从不同年龄农业转移人口的宅基地退出意愿分布（见表 5 – 10）来看，无论哪一个年龄阶段，农业转移人口愿意退出宅基地的比例都是最低的。在不愿意退出宅基地的样本分布中，29 岁及以下的农业转移人口所占比例最高，其次是 46 岁及以上，30 ~ 45 岁所占比例最低；在三个年龄阶段中，宅基地退出意愿为不确定的农业转移人口中 30 ~ 45 岁所占比例最高，29 岁及以下所占比例最低；在愿意退出宅基地的样本分布中，30 ~ 45 岁所占比例最低，46 岁及以上所占比例最高，但和 29 岁及以下所占比例相差不大。

表 5 – 10　不同年龄农业转移人口的宅基地退出意愿分布人数及比例

单位：人；%

	不愿意		不确定		愿意		合计	
	人数	比例	人数	比例	人数	比例	人数	比例
29 岁及以下	68	58.62	36	31.03	12	10.34	116	40.99
30 ~ 45 岁	57	51.82	45	40.91	8	7.27	110	38.87
46 岁及以上	32	56.14	19	33.33	6	10.53	57	20.14

从不同性别农业转移人口的宅基地退出意愿分布（见表5－11）来看，无论男性还是女性，愿意退出宅基地的农业转移人口比例都是最低的。在不愿意退出宅基地的样本分布中，男性比例为55.77%，高于女性；在农业转移人口退出宅基地的意愿为不确定的样本分布中，女性的比例为37.33%，高于男性；在愿意退出宅基地的样本分布中，男性的比例为9.62%，高于女性。

表5－11　不同性别农业转移人口的宅基地退出意愿分布人数及比例

单位：人；%

	不愿意		不确定		愿意		合计	
	人数	比例	人数	比例	人数	比例	人数	比例
女	41	54.67	28	37.33	6	8.00	75	26.50
男	116	55.77	72	34.62	20	9.62	208	73.50

从不同文化程度农业转移人口的宅基地退出意愿分布（见表5－12）来看，无论什么文化程度，愿意退出宅基地的农业转移人口的比例都是最低的。在不愿意退出宅基地的样本分布中，高中及以上的比例为58.10%，初中的比例为56.06%，小学及以下的比例为47.83%，呈现了某种文化程度越高越不愿意退出宅基地的趋势；在农业转移人口退出宅基地意愿为不确定的样本分布中，小学及以下的比例为41.30%，初中的比例为36.36%，高中及以上的比例为31.43%，呈现了某种文化程度越低退出宅基地的意愿越不确定；在愿意退出宅基地的样本分布中，占比最低的是初中，为7.58%，其次是高中及以上，为10.48%，最高的为小学及以下。

表5－12　不同文化程度农业转移人口的宅基地退出意愿分布人数及比例

单位：人；%

	不愿意		不确定		愿意		合计	
	人数	比例	人数	比例	人数	比例	人数	比例
小学及以下	22	47.83	19	41.30	5	10.87	46	16.25
初中	74	56.06	48	36.36	10	7.58	132	46.64
高中及以上	61	58.10	33	31.43	11	10.48	105	37.10

从不同家庭宅基地面积农业转移人口的宅基地退出意愿分布（见表5－13）来看，无论家庭宅基地面积大小，农业转移人口愿意退出宅基地的比例都是最低的。在不愿意退出宅基地的样本分布中，200平方米及以上的农业转移人口不愿意退出宅基地的比例最高，为66.67%，101～199平方米的比例其次，为55.47%，比例最低的为100平方米及以下的农业转移人口，从分布来看，呈现了某种宅基地面积越大越不愿意退出宅基地的趋势；在农业转移人口退出宅基地意愿为不确定的样本分布中，比例最高的是100平方米及以下的农业转移人口，为43.66%，其次是101～199平方米，为37.5%，比例最低的是200平方米及以上的农业转移人口，为25%，从分布来看，呈现了某种宅基地面积越大，退出宅基地意愿越不确定的趋势；在愿意退出宅基地的样本分

表5－13　不同家庭宅基地面积农业转移人口的宅基地退出意愿分布人数及比例

单位：人；%

	不愿意		不确定		愿意		合计	
	人数	比例	人数	比例	人数	比例	人数	比例
100平方米及以下	30	42.25	31	43.66	10	14.08	71	25.09
101～199平方米	71	55.47	48	37.5	9	7.03	128	45.23
200平方米及以上	56	66.67	21	25	7	8.33	84	29.68

布中，比例最高的是 100 平方米及以下的农业转移人口，为 14.08%，其次是 200 平方米及以上的农业转移人口，为 8.33%，最低的为 101～199 平方米的农业转移人口，为 7.03%。

从不同月均收入农业转移人口的宅基地退出意愿分布（见表 5－14）来看，无论月均收入高低，愿意退出宅基地的农业转移人口的比例都是最低的。在不愿意退出宅基地的样本分布中，比例最高的是月均收入为 5001 元及以上的农业转移人口，为 67.35%，其次是月均收入为 3001～5000 元的农业转移人口，为 57.84%，最低的是月均收入 3000 元及以下的农业转移人口，为 48.85%，呈现了某种月均收入越高越不愿意退出宅基地的趋势；在退出宅基地意愿为不确定的农业转移人口的样本分布中，比例最高的是月均收入为 3000 元及以下的农业转移人口，为 39.69%，其次是月均收入为 3001～5000 元的农业转移人口，为 32.35%，比例最低的是月均收入为 5001 元及以上的农业转移人口，为 30.61%，呈现了月均收入越高，退出宅基地意愿越不确定；在愿意退出宅基地的样本分布中，比例最高的月均收入为 3000 元及以下的农业转移人口，为 11.45%，其次是月均收入为 3001～5000 元的农业转移人口，为 9.8%，比例最低的是月均收入为 5001 元及以上的农业转移人口，为 2.04%，呈现了月均收入越高，愿意退出宅基地的比例越低的趋势。

表 5－14　不同月均收入农业转移人口的宅基地退出意愿分布人数及比例

单位：人；%

	不愿意		不确定		愿意		合计	
	人数	比例	人数	比例	人数	比例	人数	比例
3000 元及以下	64	48.85	52	39.69	15	11.45	132	46.29
3001～5000 元	59	57.84	33	32.35	10	9.80	102	36.04
5001 元及以上	33	67.35	15	30.61	1	2.04	49	17.31

（二）农业转移人口宅基地退出意愿的影响因素分析

1. 变量描述与模型设定

与耕地退出意愿类似，影响农业转移人口宅基地退出的解释变量也可以分为七大类，即个体特征变量、家庭特征变量、宅基地状况及产权认知变量、人力资本变量、工作及收入状况变量、住房与保障状况变量、未来预期及城市融入变量。宅基地状况及产权认知变量包括宅基地面积、住房是否楼房、宅基地是否闲置、宅基地归谁所有四个变量，其他六大类解释变量和影响耕地退出意愿的因素一样，这里不再阐述。影响农业转移人口宅基地退出的解释变量的描述性统计见表5－15。

表5－15　解释变量的描述性统计

解释变量		定义及赋值	坮值	标准差
个体特征变量	性别	男＝1，女＝0	0.73	0.44
	年龄	实际调查数据	35 07	11.32
	婚姻状况	已婚＝1，未婚＝0	0.74	0.44
家庭特征变量	家庭人口数量	实际调查数据	4.56	1.65
	子女数量	实际调查数据	2.14	0.93
	是否有60岁以上老人	是＝1，否＝0	0.75	0.43
宅基地状况及产权认知变量	宅基地面积（平方米）	实际调查数据	169.92	90.28
	住房是否楼房	是＝1，否＝0	0.57	0.50
	宅基地是否闲置	是＝1，否＝0	0.19	0.40
	宅基地归谁所有	国家＝1，集体＝2，农民＝3	2.39	0.86
人力资本变量	受教育程度	文盲、小学、初中、高中、中专、大专、本科及以上分别赋值1~7	3.61	1.43
	是否拥有技能	是＝1，否＝0	0.59	0.49
	健康状况	很健康、比较健康、一般、比较不健康、很不健康分别赋值1~5	1.79	0.80

续表

解释变量		定义及赋值	均值	标准差
工作及收入状况变量	近五年换了几次工作	实际调查数据	3.12	1.80
	农业经营收入占家庭收入的百分比（%）	根据实际调查数据核算	15.59	17.80
	城镇务工月均收入（元）	实际调查数据	4077.30	2543.16
住房与保障状况变量	在城镇是否买房	是=1，否=0	0.07	0.263
	在务工单位是否参加各类社会保险	是=1，否=0	0.65	0.478
未来预期及城市融入变量	未来在哪里定居	农村老家=0，不知道=1，城镇=2	0.86	0.90
	在务工城镇是否受到歧视	几乎没有=0，说不清=1，偶尔=2，经常=3	0.80	0.90
	是否难以融入城市生活	是=1，否=0	0.12	0.33

与影响农业转移人口耕地退出意愿类似，因变量（Y）农业转移人口宅基地退出意愿也是三分类离散变量（"不愿意"=0、"不确定"=1、"愿意"=2），于是建立三分类定序 Logit 模型。模型的设定和影响农业转移人口耕地退出意愿的模型一样。

2. 计量结果分析

本章通过 SPSS16.0 实施模型运算，对调查数据进行三分类定序 Logit 回归，估计结果见表5-16。

表5-16 农业转移人口宅基地退出意愿影响因素三分类定序 Logit 回归结果

解释变量		系数	标准误	Wald
个体特征变量	性别	0.209	0.309	0.458
	年龄	0.002	0.018	0.009
	婚姻状况	0.662	0.439	2.278

续表

	解释变量	系数	标准误	Wald
家庭特征变量	家庭人口数量	0.001	0.087	0.000
	子女数量	0.068	0.200	0.117
	是否有 60 岁以上老人	− 0.523 *	0.317	2.727
宅基地状况及 产权认知变量	宅基地面积（平方米）	− 0.004 **	0.002	4.734
	住房是否楼房	− 0.228	0.299	0.581
	宅基地是否闲置	0.170	0.351	0.236
	宅基地归谁所有	− 0.309 **	0.150	4.219
人力资本变量	受教育程度	− 0.223 *	0.118	3.572
	是否拥有技能	0.305	0.284	1.153
	健康状况	0.310 *	0.175	3.125
工作及收入 状况变量	近五年换了几次工作	0.103	0.077	1.804
	农业经营收入占家庭收入的百分比（%）	0.010	0.008	1.782
	城镇务工月均收入（元）	0.000	0.000	0.154
住房与保障 状况变量	在城镇是否买房	0.535	0.572	0.880
	在务工单位是否参加各类社会保险	− 0.134	0.283	0.422
未来预期及 城市融入变量	未来在哪里定居	0.193	0.167	1.333
	在务工城镇是否受到歧视	0.017	0.151	0.012
	是否难以融入城市生活	0.111	0.404	0.076
临界点估计值（y = 0）		0.300	1.421	0.045
临界点估计值（y = 1）		2.339	1.434	2.662
样本数		283		
Pearson 检验		515.763		
R – Square		0.141		

注：＊、＊＊、＊＊＊分别表示系数在 10%、5% 和 1% 的统计水平上显著。

（1）个体特征变量对农业转移人口退出宅基地的影响分析。性别变量对农业转移人口退出宅基地有正向影响，但统计上不显著，说明不能得出男性比女性更愿意退出宅基地的结论；年龄变量对农业转移人口退出宅基地有正向影响，但统计上也不显著，说明也不能得出年龄越大越愿意退出宅基地的结论；

婚姻状况变量对农业转移人口退出宅基地有正向影响，但统计上不显著，不能得出已婚比未婚更愿意退出宅基地的结论。

（2）家庭特征变量对农业转移人口退出宅基地的影响分析。家庭人口数量变量对农业转移人口退出宅基地有正向影响，但统计上不显著，说明不能得出家庭人口数量越多越愿意退出宅基地的结论；子女数量变量对农业转移人口退出宅基地有正向影响，但统计上也不显著，也不能得出子女数量越多越愿意退出宅基地的结论；是否有 60 岁以上老人变量对农业转移人口退出宅基地有负向影响且在 10% 的统计水平上显著，说明家里有老人的农业转移人口更不愿意退出宅基地。这一结论很好理解，老年人安土重迁的观念比年轻人强得多，老年人更不愿意城镇化。

（3）宅基地状况及产权认知变量对农业转移人口退出宅基地的影响分析。宅基地面积变量对农业转移人口退出宅基地有负向影响且在 5% 的统计水平上显著，说明宅基地面积越大越不愿意退出宅基地，这一结论符合理性人假定；住房是否楼房变量对农业转移人口退出宅基地有负向影响，但统计上不显著，说明不能得出住房是楼房的农业转移人口更不愿意退出宅基地的结论；宅基地是否闲置变量对农业转移人口退出宅基地有正向影响，但统计上不显著，说明不能得出宅基地闲置的农业转移人口更愿意退出宅基地的结论；宅基地归谁所有的变量对农业转移人口退出宅基地有负向影响且在 5% 的统计水平上显著，说明认为宅基地归自己所有的农业转移人口更不愿意退出宅基地，土地产权意识的强弱会影响到农业转移人口的宅基地退出意愿。

（4）人力资本变量对农业转移人口退出宅基地的影响分析。受教育程度变量对农业转移人口退出宅基地有负向影响且在 10% 的统计水平上显著，说明受教育程度越高越不愿意退出宅基地，可能的原因是受教育程度越高，土地产权意识越强，收入越高，对宅基地退出补偿越不敏感；是否拥有技能变量对农业转移人口退出宅基地有正向影响，但统计上不显著，说明不能得出拥有技能的农业转移人口更愿意退出宅基地；健康状况变量对农业转移人口退出宅基地有正向影响且在10%的统计水平上显著，说明健康状况越不好越愿意退出宅基地，这一结论与耕地退出意愿是一致的。可能的原因是健康状况不好的农业转移人口不适宜耕种土地，希望通过退出宅基地获得补偿以实现城镇化。

（5）工作及收入状况变量对农业转移人口退出宅基地的影响分析。近五年换了几次工作变量对农业转移人口退出宅基地有正向影响，但统计上不显著，说明不能得出农业转移人口换工作越多越愿意退出宅基地的结论；农业经营收入占家庭收入的百分比变量对农业转移人口退出宅基地有正向影响，但统计上不显著，说明也不能得出农业经营收入占家庭收入的比例越高越愿意退出宅基地的结论；城镇务工月均收入变量对农业转移人口退出宅基地的影响为零，但统计上不显著，说明也不能得出农业转移人口的务工收入对其退出宅基地就没有影响的结论。

（6）住房与保障状况变量对农业转移人口退出宅基地的影响分析。在城镇是否买房变量对农业转移人口退出宅基地有正向影响，但统计上不显著，说明不能得出在城镇已经买房的农业转移人口更愿意退出宅基地的结论；在务工单位是否参加各类社会保险变量对农业转移人口退出宅基地有负向影响，但统计上不显著，说明也不能得出在务工单位已经参加各类社会保险的农业转移人口更不愿意退出宅基地的结论。

（7）未来预期及城市融入变量对农业转移人口退出宅基地的影响分析。未来在哪里定居变量对农业转移人口退出宅基地有正向影响，但统计上不显著，说明不能得出未来预期在城镇定居的农业转移人口更愿意退出宅基地的结论；在务工城镇是否受到歧视变量对农业转移人口退出宅基地有正向影响，但统计上不显著，说明也不能得出在城镇受到歧视的农业转移人口更愿意退出宅基地的结论；是否难以融入城市生活变量对农业转移人口退出宅基地有正向影响，但统计上不显著，也不能得出难以融入城市生活的农业转移人口更愿意退出宅基地的结论。

第四节　小结

本章从三个方面对农业转移人口土地退出进行了实证研究：一是分析了当前农业转移人口土地处置的现状并进行了评价。耕地的处置方式主要有三种，即家庭留守人员耕种、流转、抛荒。耕地抛荒意味着资源的浪费，当然没有效率。耕地由家庭留守人员耕种或进行流转通常被认为是有效率的，但依然存在帕累托改进的空间。宅基地的处置方式有三种，即家庭留守人员居住、租赁、闲置。宅基地闲置最缺乏效率，而宅基地连同房屋一起进行租赁的很少。二是阐述了试点地区农业转移人口土地退出的经验做法并进行了评价。在第一阶段（2014 年之前）介绍了浙江嘉兴的"两分两换"、天津的宅基地换房、重庆户改：承包地和宅基地"三年过渡"三个地区的经验做法。这一阶段农业转移人口土地退出与统筹城乡发展和严格土地管理这两个背景密切相关。在这两个背景约束下，宅基地换房、承包地换社保和地票交易似乎成了不二选择。但是，如果农业转移人口退出宅基地和承包地不一定完全自愿，他们城镇化后可行能力没有提升，这一阶段的做法无论从效率还是公平的角度都有改善的空间。第二阶段（2014 年之后）介绍了宁夏平罗：政府收储＋以地养老＋内部交易；重庆梁平：进退联动；广东南海："股改"退出模式；安徽金寨：补偿＋奖励四个地区的经验做法。在这一阶段，因为政策的变化，市场化退出土地的方式越来越多。市场化退出当然是有效率的，但当前的市场范围受到了限制。三是利用调研数据研究了农业转移人口土地退出意愿及其影响因素。无论是耕地还是宅基地，农业转移人口愿意退出的比例都是最低的，愿意退出耕地的比例是 15.9% , 愿意退出宅基地的比例只有 9.2% 。本章利用三分类定序 Logit 回归模型研究了影响农业转移人口退出土地的因素, 发现耕地抛荒的农业转移人口更不愿意退出耕地, 换工作更频繁的农业转移人口更愿意退出耕地, 未来预期在城镇居住的农业转移人口更愿意退出耕地, 家里有老人的农业转移人口更不愿意退出宅基地, 宅基地面积越大的农业转移人口越不愿意退出宅基地, 受教育程度越高的农业转移人口越不愿意退出宅基地, 认为耕地和宅基地归农民个人所有的农业转移人口更不愿意退出耕地和宅基地, 健康状况不好的农业转移人口更愿意退出耕地和宅基地。

第六章　发达国家及地区农业转移人口土地退出的经验与借鉴

本章将通过阐述日本、韩国和中国台湾地区农业转移人口土地退出的经验做法，为我国农业转移人口土地退出提供经验借鉴。借鉴日本、韩国和中国台湾地区农业转移人口的经验做法，主要理由有三个：一是日本、韩国和中国台湾地区与中国的农业耕种基础和土地耕种方式类似，都是以小规模家庭经营为主。2016 年中国的人均耕地面积是 1.35 亩，日本的人均耕地面积是 0.45 亩，韩国的人均耕地面积是 0.45 亩，中国台湾地区的人均耕地面积是 0.54 亩。二是日本、韩国和中国台湾地区都是发达国家及地区，城镇化水平高，2018 年中国的人均 GDP 为 0.97 万美元、城镇化率为 59%，日本的人均 GDP 为 3.14 万美元、城镇化率为 92%，韩国的人均 GDP 为 3.14 万美元、城镇化率为 81%，中国台湾地区的人均 GDP 为 2.46 万美元，城镇化率为 85%[①]。这些国家和地区城镇化过程中农业转移人口退出土地的经验做法值得借鉴。三是日本、韩国和中国台湾地区与中国（大陆）地理相邻，且都属于东亚小农社会，

---

①　数据来源：世界银行网站和《中国统计年鉴》（2018）。世界银行网站上最新的人均耕地面积数据只到 2016 年。另外，世界银行网站上没有中国台湾地区的数据，中国台湾地区的数据是通过《中国统计年鉴》（2018）换算的。

都属于华夏文化圈，深受儒家思想的影响①。

第一节　日本农业转移人口土地退出的经验

整体来说，日本的农村土地是私有制。日本今天的农地制度脱胎于第二次世界大战后实行的农地改革②。农地改革的主要内容是国家强制征收离乡地主所有的全部佃耕地（租赁给佃农耕种的耕地）和在乡地主所有的佃耕地中超过一定面积的佃耕地，然后低价卖给佃农，确立了以农业经营、农业劳动、农地所有三个主体一致的"自耕农"为农户主体的自耕农制度。日本这种类似赎买的政策迅速改变了农地所有制结构。在1945年自耕地和佃耕地的比例是54%和46%，而到1950年这一比例为90%和10%。为了保障农地改革的成果和保护耕作农民的权利，日本政府于1952年制定了《农地法》。现今日本的农地制度是由《农地法》《农业经营基础强化促进法》《农业振兴地域整备法》《土地改良法》四部法律及与之相配套的法律组成。日本农地制度有两个很鲜明的特点：一是对农业耕作者地位的保护和强化；二是对农地进行全面且有力的管制（关谷俊作，2004）。

日本农业人口大规模转移主要发生在"二战"后。"二战"后，日本实行了一系列的经济、政治和社会改革，在短短的20多年间，一跃成为位居世界前列的发达国家，被称为"东亚奇迹"。1960年日本的人均GDP为479美元，

① 宫嶋博史. 东亚小农社会的形成 [J]. 开放时代，2018 (1): 74-89；田毅鹏，夏可恒. 作为发展参照系的东亚——"东亚模式"研究40年 [J]. 学术研究，2018 (10): 41-50.
② 日本的农地改革是指"二战"日本战败后，根据美国占领军的指令，作为实施民主化的重要措施之一于1947~1950年期间对农地所有制度进行的改革。

到 1977 年日本的人均 GDP 跃升到 6336 美元[①]，17 年间人均 GDP 增加了 12.23 倍。与经济快速发展紧密相关的就是农村劳动力转移和人口的城镇化。1950 年，日本农业劳动力占全社会劳动力的比例为 47%，到 1977 年这一比例下降到 13.2%（李仙娥等，2004）。1950 年日本的城镇化率为 37.5%，1977 年日本的城镇化率上升到 76%，27 年间城镇化率增加了 38.5 个百分点（肖绮芳，2008）。日本关于农业转移人口的土地处置政策随着经济发展而变迁。从"二战"后农地改革一直到 1961 年，法律规定非农业生产者不得拥有土地，离开农业的农民必须出售其持有的农村土地。而后，随着农户兼业现象的普遍以及地价的快速上涨，农户不愿意转让土地，日本政府放宽了对土地流转的管制，承认不在村地主的合法性，日本农地流转比例增加（肖绮芳，2008；高强等，2013）。

日本农业转移人口土地退出的经验做法：

（1）农地权利转移需要审批。农业转移人口退出土地，实现农地所有权的转移[②]，需要经过农业委员会的审批。如果没有获得批准同意，其权利的转移视为无效。对违反规定的还设置了处罚措施。土地权利转移审批的主要内容是对权利取得者以及权利取得后的农地利用进行规制，具体内容包括取得农地所有权的农户需将农地使用于农业，家庭成员需经常性地从事农业生产并确定能够有效利用土地；对于法人取得农地所有权的只限于农业生产法人[③]，对权利取得者经营农业的面积有下限要求（如在北海道要在 2 公顷以上）等。在

---

① 数据来源：世界银行网站，人均 GDP 以 2010 年不变价美元计算。世界银行网站关于人均 GDP 的统计数据最早是从 1960 年开始统计。

② 其实不光是所有权的转移需要审批，永佃权、物权、因融资租赁产生的权利、租借权或其他以使用收益为目的权利进行转移时也需要审批。具体参见关谷俊作. 日本的农地制度［M］. 北京：生活·读书·新知三联书店，2004.

③ 农业生产法人的构成要件在日本法人《农地法》中有具体的规定，主要经营形态要件，即必须是农事合作社法人、合股公司、合资公司等；事业要件，即主要经营项目必须是农业。

土地权利转移审批过程中，排除了自身不从事农业的人，只有从事农业生产的人才具有取得权利的资格（关谷俊作，2004）。

（2）农地交易对象在扩大但仍受管制。日本的农地制度实行"耕作者主义"制度，农地只能卖给或租赁给经常性从事农业生产的农户家庭或农业生产法人。日本的《增进农用地利用法》还设置了"认证农业人"制度，对经营农业的主体进行认证。但随着经济的发展、农村劳动力的大量迁徙，日本政府为了应对农业的兼业化以及农地抛荒，对参与农地交易的农业生产法人通过修改法律不断放宽管制。在法人形态上允许股份公司的进入，在事业要件上修改为以农业为主，包括相关事业在内的事业，成员中增加了地方公共团体，长期从事农业生产的人被放宽为从事一定日数农业生产的人。通过放宽农业生产法人的限制条件，使得农地交易对象呈扩大趋势。但农地交易对象依然受到管制，对于不从事农业生产的个人或法人，对于以保存资产、投机为目的的权利取得，依然受到严格的限制（关谷俊作，2004）。

（3）农地保有合理化制度①。农地保有合理化制度是指为了合理化利用农地和促进农业经营规模的扩大，通过设定农地保有合理化法人，收购或租赁离农农户的土地，再出租或出售给专业农户或农业生产法人的一项制度。农地保有合理化法人的实际作用和职能除扮演农地买卖、租赁等交易活动的中介角色以外，它还从事农地信托、出资培育农业生产法人、对新参加农业经营的人进行培训等。农地保有合理化法人一般是都道府县公社、市町村公社和农协组织成立的不以盈利为目的的公共机构。农地保有合理化法人的资金来源主要是都道府县提供的无息贷款，而都道府县的无息贷款中有2/3来自中央政府（高强等，2013）。

（4）设立农民养老金制度。日本1970年通过《农业人养老金基金法》，

---

① 在日本的《农促法》中被称为农地保有合理化事业。

正式创设农民养老金制度。创设农民养老金制度的目的是通过实施经营权转让和农地买卖等业务，提高农民老后的生活稳定和福利水平以及农业经营的现代化和农地保有的合理化。参加养老金计划的农民在年满 60 岁之前在保险的上限额与下限额之间选择缴纳保险金，另外，国家实施补贴。设立了农地经营权转让养老金，即在 65 岁之前已经完成对继承人或第三者的经营权转让，可以获得经营权转让养老金，这一措施主要是鼓励老年农民和兼业农民离农退出土地①（肖绮芳，2008；关谷俊作，2004）。

（5）闲置农地处置制度。日本政府对于农地抛荒、弃耕有一套处置措施，并上升到法律进行规制，《农促法》和《农振法》对此都有较为详细的规定。处置抛荒、弃耕等闲置农地的一般程序和措施：首先是当地的农业委员会对闲置农地的农户进行指导，让其恢复耕种，如果在一定时期内依然闲置，农业委员会就会向市町村反馈并提出请求。市町村接到农业委员会的请求后，先劝告闲置农地的所有者恢复耕种，劝告无效后指定农地保有合理化法人购入或租赁闲置的农地。农地保有合理化法人在向闲置农地的农户发出购入或租赁农地通知后六周，将正式与该农户进行购入或租赁协商，无正当理由，该农户不可以拒绝这一协商的请求。农地保有合理化法人购入或租赁闲置的农地后再卖给或出租给认证农业人（关谷俊作，2004）。

第二节　韩国农业转移人口土地退出的经验

韩国农村土地属于农民私有。当今韩国的农地制度确立于"二战"后的

---

① 经营权转让养老金实施了 30 年，在 2000 年 5 月 15 日修改的《农业人养老金基金法》中终止了该项业务。

农地改革。"二战"前韩国沦为日本的殖民地30多年，农村土地实行地主佃农制。第二次世界大战日本战败后，韩国在美军的主持下实行农地改革。和日本农地改革类似，韩国的农地改革也是政府通过赎买地主的土地再卖给无地或少地的农民，基本确立了"耕者有其田"的土地农民所有制。但是韩国的农地改革比日本的农地改革持续时间更长，也更曲折。1949年6月21日韩国颁布《农地改革法》，政府以主要农产品收获量150%的价格征购不在地主的土地以及土地面积超过3公顷以上的农户土地，发给征购对象地价证券。然后以同样的价格将土地分配给无地和少地的农民，价款分5年以实物形式偿还，在偿还土地价款前土地禁止买卖、赠与和典当等。由于朝鲜战争和自然灾害，农民偿还土地价款一拖再拖，直到1968年在政府督促之下农民的土地价款才算全部偿还完（王建宏，2015）。韩国政府对农村土地的利用、转用和交易都有比较严格的管制，但管制力度没有日本大。

韩国农业人口大规模转移发生在20世纪60~80年代的快速工业化时期。韩国政府自20世纪60年代开始实行"出口导向型"经济发展战略，在短短20多年的时间里，韩国由世界上最贫穷落后的国家之一发展成为发达国家，被称为"汉江奇迹"。韩国1960年的人均GDP只有158美元，到1990年人均GDP增加到6516美元，30年间人均GDP增加了40.24倍。随着经济的发展，韩国的城镇化水平也不断提升。1960年韩国的人口城镇化率为27.71%，1990年韩国的人口城镇化率增加到73.84%，30年间人口城镇化率增加了46.13个百分点①。大量农业人口的城镇迁移导致农村土地买卖、租赁等交易活动频繁，政府也出台相关法律和政策规制、促进农地交易活动。截至1995年，韩国农地租赁面积占总耕地面积的42.2%（郑文燮，2000）。

韩国农业转移人口土地退出的经验做法：

---

① 数据来源于世界银行网站，人均GDP以2010年不变价美元计算。

（1）农地买卖证明制度。根据《农地改革法》和《农地租赁管理法》，韩国政府制定了农地买卖证明制度。离农农民要买卖农地时，政府要对购买农地的购买者进行审查，审查的内容主要包括是否是农民、土地是否自耕、持有土地是否在上限范围之内等。农地买卖证明制度主要是防范非农民对农村土地进行投机性购买，以实现耕者有其田的目标。农地买卖必须要到县、乡农地管理委员会进行登记，并由其发放农地买卖证明书。后来，农地买卖证明改名为农地取得资格证明，农地管理委员会规定了一套详细的农地交易取得程序（郑文燮，2000）。

（2）离农农民持有土地有上限。因为韩国的土地实行农民私人所有制，离农农民可以继续持有土地，甚至在土地价格上涨的预期之下，一些离农农民只会出租土地或委托经营土地，而不会买卖土地。1993年韩国政府制定《农渔村发展特别措施法》，对离农农民持有土地做出了不能超过3公顷的限制。对于超过3公顷的土地必须在3年之内进行处置。如果在处置期内对土地没有处置，农渔村振兴公社将在6个月之内购买该土地，价格以邻近地区的土地实际交易价格为参考（郑文燮，2000）。

（3）农民提前退休补贴制度。为了促进老年农民退出土地，韩国实行农民提前退休补贴制度。该制度规定，对于年龄超过65周岁的农民，如果愿意将自己持有的农地全部出售给或出租给其他专业农户，他们将获得政府连续五年的直接补贴，1997年政府发放的直接补贴为每年每公顷258万韩元。2006年政府提高了农民提前退休补贴的年限和标准，补贴年限由原来的五年增加到八年，补贴标准由原来的每年每公顷258万韩元增加到每年每公顷290万韩元（马晓春等，2010）。

（4）购买农地融资援助制度。韩国政府为了促进农地规模经营，对购买农地的农户实行融资援助。融资援助的资金来源是农地管理基金。融资援助的对象为农业人的继承者、专业农的培养对象、营农组合法人等。融资援助的土地限定在农业振兴地域内的土地①。购买农地的融资援助程序：申请援助者首先通过当地的农地管理委员会向农渔村振兴公社提交申请，资格审查通过后农渔村振兴公社再对进行买卖交易的农地情况、农地价格、出卖者资格、申请者的营农条件等进行详细调查，调查评估最后确认是否进行融资援助。但农地管理基金实际支付融资援助资金需在申请人办理购买农地的担保和所有权转移手续之后（周云飞等，2018）。

第三节　中国台湾地区农业转移人口土地退出的经验

现在中国台湾地区的农村土地属于农民私人所有制。中国台湾地区于1949年开始土地改革。土地改革经过了三个步骤：一是"三七五减租"，规定佃农的土地租金不得超过土地全年作物产量的37.5%，对佃农的土地使用权予以严格保护；二是"公地放领"，将政府拥有的公地有偿分配给缺地少地的佃农、半自耕农等，"公地放领"的价格为该地全年主要农作物产量的2.5倍，农民分十年偿还，不计利息；三是"耕者有其田"，政府对水田超过3甲（约0.97公顷）、旱田超过6甲的地主土地实施有偿征收，征收价格按该地主要作物年产量的2.5倍支付，然后原价出售给农民。土地改革历经四年，基本实现了"平均地权"和"耕者有其田"目标。而后，随着经济发展、人口迁移，在保持土地农民私有制的基础上，当地政府又相继实施了"农地重划"

---

① 1998年韩国政府为了利用和保护农村土地，提高农业生产力，制定了《农业振兴地区制度》，对农业振兴区域进行了划分。

"小地主大佃农计划"等农地制度改革（单玉丽，2010；舒萍等，2008）。

中国台湾地区农业人口的大规模转移发生在20世纪50～80年代经济高速发展时期。这一时期中国台湾地区的GDP增长率年均超过8%，成为全球经济发展最快的经济体之一。1949年中国台湾地区的人均GDP还不到100美元，到1989年中国台湾地区人均GDP达到7509美元（张飞雪，2014）。中国台湾地区农业劳动力在1950年占全社会总劳动力的60%左右，到1980年这一数值下降到20%，到2012年这一数值更是下降到5%左右（王诚，1999；周向阳等，2016）。随着大量农业劳动力离农就业，农村土地就出现了所有权转让和使用权流转的需求，这一时期当地政府出台相关法律和政策，规制农业转移人口的土地处置。

中国台湾地区农业转移人口土地退出的经验做法：

（1）不断扩大农地交易对象。中国台湾地区土地改革以后，为了保证"耕者有其田"，农业转移人口的土地只能转让给自耕农，不能转让给其他主体。1990年中国台湾地区修订法规，放宽了土地转让的对象限制，自然人可以购买农地，企业法人也准许其有条件购买农地。1991年当地政府废止了《实施耕者有其田条例》，进一步对农村土地的转让"松绑"。1996年当地政府正式取消"农地农有"的规定，允许农业企业、农民团体和农业科研机构等购买和使用农民的土地（赵一夫等，2016）。这样农业转移人口转让土地的对象在不断扩大，市场化程度不断提高。

（2）农地退出的"双向辅导"。要实现农地顺利退出，退出土地的供给方和接受土地的需求方要实现有效衔接。政府在其中扮演中介和推动角色，对双方实施"双向辅导"。首先是政府劝说离农农民、老年农民退出土地，为他们提供城市生存技能和生活服务的"辅导"，并予以津贴支持，使他们能够顺利退出土地；其次是政府为接受土地的农民、企业提供经营管理、农业技术、产品质量、金融扶持等"辅导"，解决他们的农业生产和发展问题；最后是政府还成立了农地交易平台，为交易双方提供信息、签约、监督和稽查等服务。当地政府通过对农地退出的"双向辅导"，不仅实现了退地农民的稳定生活，也实现了土地的有效利用（邓大才，2011；安增军等，2014）。

（3）完善的土地金融制度。无论是第一次土地改革，还是后面实施的"农地重划""小地主大佃农计划"等农地制度改革，土地金融都扮演了重要的角色。中国台湾地区有专门的土地银行，专司土地债券发行、土地抵押贷款等。在第一次土地改革中，土地银行接受政府的委托承办土地地价的补贴业务；在实施"农地重划"中，为农民提供购地贷款服务，并利用贷款投向对象和区域的监管实现政府的可欲目标①；在实施"小垃主大佃农计划"中，土地金融机构为"大佃农"提供长期贷款，政府为"六佃农"提供利息补贴，以实现"一次付租、分年偿还"的目标（宋文献等，2003；谭峻，2014）。可以说，农业转移人口要顺利实现土地退出，没有土地金融的支持是不可能的。

（4）建立老年农民退休机制。中国台湾地区建立了老年农民退休机制，通过给予津贴或补贴形式鼓励老年农民退出土地。中国台湾地区老年农民退休制度规定对于 2008 年 11 月 28 日之前就已经参加了农保、年满 65 周岁且参保年资累计已经达到 15 年以上的农民，如果将自己所有的土地委托给当地政府农业主管部门进行转让或出租，不再从事实际的农业生产活动，可以继续参加农保且每月可以领取 6000 新台币的老农津贴。对于退休的老年农民，政府还提供咨询、老年农民经验传承等服务，以提高老年农民的生活品质并发挥他们的余热（何萍等，2013）。

---

① 如通过政府干预，对于购地贷款实施"四个优先"，即购买农地重划区域的土地优先、购买农场附近的土地优先、购买愿意转移就业农民的土地优先、购买土地后农场面积超过 1 公顷的优先（参见谭峻. 台湾地区第二次农地改革之启示［J］. 中国土地科学，2014（6）：91 - 96）。

第四节　启　示

东亚发达国家和地区农业转移人口退出土地的经验做法对中国制定农业转移人口退出土地的相关政策、法律具有重要启示。

（1）政府对农业转移人口退出土地有严格的管制。日本、韩国和中国台湾地区虽然都是农地农民私有制的国家和地区，但对于农业转移人口退出土地的管制却非常严格。如日本的农地权利转移需要进行审批，韩国实行农地买卖证明制度。政府对土地交易的管制是全方位的，如交易对象，日本在2000年之前农地只能卖给农民和农业生产法人（需政府认定），中国台湾地区一直到1990年才允许企业法人有条件购买农村土地；如交易面积，韩国在1998年之前农地拥有的上限不能超过3公顷，中国台湾地区在第一次土地改革后很长一段时间也对农户拥有的土地面积有限制。对于农业转移人口的闲置土地，政府也有管制，如日本的《农地法》有一套闲置农地的处置程序，先是劝说，劝说无效就指定机构进行收购等。从现有文献来看，这些国家和地区对农业转移人口退出土地的管制主要体现在对购买土地方的管制，而对于出售土地方的管制相对较少。中国对农业转移人口退出土地的管制可能要兼顾退出方的监管，如在就业、居住、收入等方面要达到一定条件才能退出土地，但这方面的监管将比较困难。

（2）政府的管制政策随着发展阶段的变化而变化。从日本、韩国和中国台湾地区对农村土地交易管制政策的变迁来看，呈现出随着发展阶段的变化而变化的特点，且其变化过程和变化趋势具有惊人的相似性。这三个国家和地区的农地制度确立时间基本上都在"二战"后，确立的方式基本上都是通过赎买政策进行的土地改革，确立的目标是实现"耕者有其田"，所以在很长一段时间，农业转移人口退出土地只能转让给从事耕作的农民。但随着经济的发展、农村劳动力的大量转移，韩国 1998 年突破持有农地面积 3 公顷的上限，允许公司购买农地；日本 2000 年允许股份公司购买农地进入农业；中国台湾地区 2008 年实施"小地主大佃农"计划，允许工商资本持有农地。在这一段时期，政府还积极出台政策鼓励农业人口的转移，鼓励他们退出土地，如农民退休计划、融资支持、"双向辅导"等。所以对于中国来说，农业转移人口退出土地的政策也应该随着发展阶段的变化而变化，如扩大农地交易对象的范围、试点农民退休计划等。但中国是一个大国，发展水平整体还不高，地区发展很不平衡，农业转移人口土地退出政策的调整更不容易。

（3）农业转移人口土地退出政策的制定和调整要注意政策的整体性和均衡性。从日本、韩国和中国台湾地区对农业转移人口退出土地的管制政策的制定和调整来看，都把政策的制定和调整放在整个国民经济增长和社会发展的视野下进行，非常注重政策的整体性和均衡性。如农业转移人口退出土地，既要考虑耕地的保护，也要考虑农产品供给和农业竞争力，更要考虑工业化和城镇化的劳动力供给以及发展趋势等。这对于中国制定和调整相关政策具有重要参考意义。中国的耕地资源只有 18 多亿亩，农业竞争力不强，拥有 2.8 亿左右的农民工，这就决定了中国制定和调整农业转移人口土地退出政策时，面临的约束条件更多，不能顾此失彼，必须考虑政策的整体性和均衡性。

（4）金融在农业转移人口土地退出中扮演着重要角色。在农地交易转让中，日本有农地保有合理化法人提供的长期贷款，韩国有农地管理基金提供的融资援助，中国台湾地区有土地银行提供的农地抵押贷款，毫无疑问，金融在农业转移人口土地退出中扮演着重要角色。如果没有金融的支持，农业转移人口要实现顺利退出土地可能会非常困难。而反观中国，这一块可以说是空白，就是前几年政府推行的农地抵押贷款，也是举步维艰，没有很大进展。因此，为了实现农业转移人口顺利退出土地，中国是否可以考虑建立农地管理基金或土地银行之类的金融机构，创新金融产品，如农地证券化等。只有通过建立土地金融机构并进行金融产品创新，才会加速农地交易转让的进程，扩大农地交易转让的范围，实现土地资源的优化配置。

（5）可以考虑老年农民退休支持计划。毫无例外，日本、韩国和中国台湾地区都实施了老年农民退休计划，对于老年农民退出土地所有权或经营权政府给予津贴或补贴，鼓励他们退出土地。现在中国从事农业生产的以中老年农民为主，可以说也是"老年农业"。中国是不是也可以对这些相应的经验加以学习，通过实施老年农民退休支持计划，鼓励农民退出土地，这样能够更好更快地推进农地的适度规模经营，提高农业经营效率，增强农业竞争力。但中国的老年农民规模庞大，政府的财力也有限，即使政府推行老年农民退休支持计划注定也只能是低水平的。

第五节　小结

本章对日本、韩国和中国台湾地区农业转移人口土地退出的经验做法进行了总结，并提出了对中国的启示。日本农业转移人口土地退出的经验做法是农地权利转移需要审批、农地交易对象在扩大但仍受管制、农地保有合理化制度、设立农民养老金制度、闲置农地处置制度；韩国农业转移人口土地退出的经验做法是农地买卖证明制度、离农农民持有土地有上限、农民提前退休补贴制度、购买农地融资援助制度；中国台湾地区农业转移人口土地退出的经验做法是不断扩大农地交易对象、农地退出的"双向辅导"、完善的土地金融制度、建立老年农民退休机制。对中国的启示是政府对农业转移人口退出土地有严格的管制、政府的管制政策随着发展阶段的变化而变化、农业转移人口土地退出政策的制定和调整要注意政策的整体性和均衡性、金融在农业转移人口土地退出中扮演着重要角色、可以考虑老年农民退休支持计划。

第七章　新型城镇化进程中农业转移人口土地退出机制的构建

新型城镇化进程中农业转移人口土地退出机制是指农业转移人口如何退出土地，具体包括土地退出的主体和客体、土地退出的原则和目标、土地退出的方式和程序、土地退出的补偿方式和补偿标准等。

第一节　土地退出的主体和客体

一、土地退出的主体

土地退出的主体是指参与土地退出交易活动的双方，包括拥有土地权利的退出方和接受土地权利转让的接受方。具体来说，拥有土地权利的退出方是指自愿在城镇定居并取得城镇户籍的农业转移人口，通常以户或家庭为单位①；接受土地权利转让的接受方是指农业转移人口所在的集体经济组织或本集体经济组织内部的其他成员农户两个主体。集体经济组织是土地的所有者，农业转移人口在市民化过程中将土地退回给集体经济组织就是退回给土地所有者，当然这种退回是自愿和有偿的。至于将土地转让给集体经济组织内部的其他成员农户，这就是一种纯粹的市场交易。从现有的法律和政策来看，现在接受农业转移人口土地权利转让的接受方只能是本集体经济组织或本集体经济组织内部的其他成员农户两个主体，集体经济组织以外的第三方个人和法人都不能接受农业转移人口退出的土地②。2018 年 12 月 29 日新修订的《农村土地承包法》第二十七条规定："承包期内，承包农户进城落户的，引导支持其按照自愿有偿原则依法在本集体经济组织内转让土地承包经营权或者将承包地交回发包方。"2014 年 12 月 2 日中央深改组通过的《关于农村土地征收、集体经营性建设用地入市、宅基地制度改革试点工作的意见》指出，"探索进城落户农民在本集体经济组织内部自愿有偿退出或转让宅基地"③。

二、土地退出的客体

土地退出的客体从实物的角度就是耕地、宅基地（含住房）和其他集体土地，从权利的角度就是耕地的承包权、宅基地的资格权和使用权（含住房

---

① 当然，也存在没有在城镇定居但在农村从第一产业转移到第二产业和第三产业就业的农业转移人口，因为本项目研究的是新型城镇化进程中农业转移人口的土地退出问题，因此没有将这部分农业转移人口纳入研究范围。这部分农业转移人口的土地退出机制实质上和新型城镇化进程中农业转移人口的土地退出机制是一样的。

② 对于本集体经济组织以外的第三方个人和法人只能流转承包地的经营权和宅基地的使用权，不能转让承包地的承包权和宅基地的资格权。

③ 湖南省浏阳市作为全国 33 个农村土地制度改革试点县（市、区）之一，允许宅基地在全浏阳市农村地区转让，突破了本集体经济组织，但城镇居民不能到农村接受转让宅基地。

所有权）以及其他集体土地成员权。耕地承包权是一种用益物权①，是农业转移人口依靠集体成员身份无偿获得的。承包权是有期限的，第一轮承包期限是15年，第二轮承包期限是30年，新的《农村土地承包法》规定，在第二轮承包期限到期以后再顺延30年。承包权退回给集体经济组织或转让给本集体经济组织其他成员农户后，在承包期内不得再要求承包耕地②。2018年中央一号文件《关于实施乡村振兴战略的意见》正式提出"探索宅基地所有权、资格权、使用权'三权分置'，落实宅基地集体所有权，保障宅基地农户资格权和农民房屋财产权，适度放活宅基地和农民房屋使用权"。宅基地的资格权和使用权也是农业转移人口依靠集体成员身份无偿获得的。宅基地使用权没有期限限制，但是宅基地的数量和面积有限制。《土地管理法》第六十二条规定："农村村民一户只能拥有一处宅基地，其宅基地的面积不得超过省、自治区、直辖市规定的标准。"宅基地使用权退回集体经济组织或者转让给本集体经济组织其他成员农户以后，不能再申请宅基地③。其他集体土地成员权是除耕地承包权和宅基地资格权和使用权以外的土地成员权。因为农村的土地属于集体经济组织成员所有，除耕地和宅基地以外，其他的集体土地（如"四荒"地、未承包地、集体建设用地等）包括农业转移人口在内的所有集体经济组织成员都拥有所有权。当农业转移人口在城镇定居需要退出土地时，他们当然有权利获得除耕地和宅基地以外的集体土地收益。2016年12月26日中共中央、国务院颁布《关于稳步推进农村集体产权制度改革的意见》。按照中央部署，

---

① 2007年3月16日颁布的《物权法》中将"土地承包经营权"确定为用益物权，而不是将"土地承包权"确定为用益物权。2016年10月30日中央办公厅、国务院办公厅颁布《关于完善农村土地所有权 承包权 经营权分置办法的意见》，正式确立农地"三权分置"。从农地"三权分置"来看，土地承包权是用益物权，而土地经营权不是用益物权。《物权法》面临修订。

② 《农村土地承包法》第三十条规定："承包方在承包期内交回承包地的，在承包期内不得再要求承包土地。"

③ 《土地管理法》第六十二条第四款规定："农村村民出卖、出租住房后，再申请宅基地的，不予批准。"

2019 年底基本完成农村集体资产清产核资，2021 年底基本完成集体经营性资产股份合作制改革。当集体产权制度改革完成后，农业转移人口退出其他集体土地成员权将变得非常清晰、便捷和顺畅。但实际情况是，在中西部纯农区，集体该分的地基本分完了，集体经济基本变成了"空壳"，其他集体土地成员权的收益将面临"无收益"可退的境地。而在经济发达地区或城市郊区，其实早在 20 世纪 90 年代就开始推行集体产权制度改革，实施确权确股不确地，组建社区型股份合作社，这里的农业转移人口土地退出除宅基地的资格权和使用权（含住房所有权）以外，最主要的就是集体成员股份的退出。因此农业转移人口土地退出的客体在不同区域和地区有差异。在纯农区，农业转移人口土地退出的客体主要是耕地的承包权、宅基地的资格权和使用权（含住房所有权），其他集体土地成员权的收益很少。而在经济发达地区和城市郊区，农业转移人口土地退出的客体除宅基地的资格权和使用权（含住房所有权）以外，主要是包含耕地的承包权在内的其他集体土地成员权。

第二节　土地退出的原则和目标

一、土地退出的原则

（1）自愿有偿的原则。农业转移人口退出土地首先要遵循自愿的原则，即农业转移人口是否退出土地是农业转移人口在自身约束条件下进行理性计算、独立决策的结果，完全体现农业转移人口的自身意志。政府和集体经济组织不能强迫农业转移人口退出土地，任何其他组织和个人更没有权利强迫农业转移人口退出土地。自愿意味着自主自由，这不仅是现代社会对个人权利的基本尊重，更是因为只有自己才最关心自己的利益所在，最清楚自己的利益所在。如果违背自愿原则，强迫农业转移人口退出土地将既不公平也没有效率。当然，自愿原则并不排斥政府制定相关政策激励农业转移人口退出土地，就像日本、韩国和中国台湾地区在经济发展到一定阶段出台政策激励农业转移人口退出土地一样。有偿的原则是指农业转移人口无论将土地退给集体经济组织还是将土地转让给本集体经济组织其他成员农户，都不是无偿的，都需要获得相应的报酬。但在 2018 年 12 月 29 日对《农村土地承包法》修订之前，法律规定农业转移人口进入城市落户需要无偿退出承包地，2002 年 8 月 29 日通过的《农村土地承包法》第二十六条第三款规定："承包期内，承包方全家迁入设区的市，转为非农业户口的，应当将承包的耕地和草地交回发包方。承包方不交回的，发包方可以收回承包的耕地和草地。"新修订的《农村土地承包法》正式从法律上确立耕地承包权退出是有偿退出①，这样耕地承包权就成为了完全物权意义上的农民私人财产权，受法律保护。

（2）政府有为的原则②。在农业转移人口土地退出过程中，政府到底应该扮演什么角色？政府主导是不可持续的，但政府仅仅充当"守夜人"可能会出现即使有意愿退出土地的农业转移人口也很难顺畅退出土地，政府的角色应该是积极有为。在农业转移人口退出土地的整个过程中，都离不开政府的作用。首先是产权的界定（包括承包地与宅基地的确权登记以及集体成员资格

---

① 2018 年 12 月 29 日新修订的《农村土地承包法》第二十七条规定："承包期内，承包农户进城落户的，引导支持其按照自愿有偿原则依法在本集体经济组织内转让土地承包经营权或者将承包地交回发包方。"从政策上第一次正式提出农民有偿退出承包权是 2014 年 7 月 24 日颁布的《关于进一步推进户籍制度改革的意见》，文件规定："进城落户农民是否有偿退出'三权'，应根据党的十八届三中全会精神，在尊重农民意愿的前提下开展试点。现阶段，不得以退出土地承包经营权、宅基地使用权、集体收益分配权作为农民进城落户的条件。"

② 这里借鉴了林毅夫先生提出的"有效市场、有为政府"的概念。

的界定）需要政府，只有产权清晰才有可能进行市场交易；其次是对于农业转移人口退出土地的风险防范、风险审查需要政府，以确保将土地退出的社会风险降到最低；再次是政府需要为农业转移人口退出土地建立交易平台，节约交易双方寻找交易对象、减少矛盾纠纷等交易成本，并且政府要对交易结果进行确认；最后是政府应该根据本地实际推出相关政策措施，以更好地推动农业转移人口退出土地。

（3）发挥市场机制的原则。从农业转移人口土地退出的地方实践来看，大部分地方是针对本地或本区域农业转移人口政府主导土地退出的结果（2014年之前特别明显），如浙江嘉兴的"两分两换"、天津的宅基地换房和重庆的户改等。这种政府主导的土地退出模式很难推广和复制，普适性不强。因为中西部农村地区的地方政府基本都是"吃饭财政"，很难拿出资金补偿退地的农业转移人口，即使通过城乡建设用地增减挂钩的方式筹资，由于城镇化水平低，土地增值收益有限，可能也不足以弥补农业转移人口的退地成本。只有充分发挥市场机制的作用，农业转移人口的土地退出才可持续。充分发挥市场机制意味着土地退出的对象可以市场化选择，只要交易双方同意交易就行；土地退出的价格可以实现市场化定价，更好地实现土地资源的优化配置。当然现在法律和政策将土地退出的交易对象局限在本集体经济组织内部，市场范围受到了一定限制。将来是否可以考虑借鉴日本认定农业人的办法，将土地退出交易对象扩大到政府认定的农业人范围。

（4）渐进稳妥的原则。农业转移人口数量众多，市民化是一个非常漫长的过程。《2018年农民工监测调查报告》显示，2018年农民工总量为2.88亿人，其中进城农民工为1.35亿人。根据贺雪峰等（2017）的研究，认为中国农业转移人口市民化是通过代际接力的方式实现的，市民化过程本身就是渐进性的。农民工即使落户城镇了，也有可能通过土地流转继续保有土地而不是退出土地，因为他们认为"手中有地、进退有据"。根据笔者的问卷调查，农业转移人口即使市民化后愿意退出耕地的比例只有15.9%，愿意退出宅基地的比例只有9.2%。因此，农业转移人口退出土地只能是循序渐进的，政府不能通过定指标、下任务强行推进这一进程。现阶段，土地（包括耕地和宅基地）对于农业转移人口依然非常重要，具有就业、居住、保障和财产的功能。因此对于农业转移人口退出土地必须坚持稳妥的原则。

二、土地退出的目标

从理想角度来说，土地退出的目标是已经实现市民化的农业转移人口都应该退出土地，这样更有利于新型城镇化和农业的现代化，但实际上这一目标很难实现，因为现在政策和法律规定，农业转移人口在城镇落户不以退出土地承包权、宅基地使用权和集体收益分配权为条件，农业转移人口市民化后是否退出土地完全遵循自愿的原则。根据笔者以及其他学者的调查研究，农业转移人口市民化后愿意退出土地的比例并不高。但是，我们还是可以根据农业转移人口市民化的人数对退出土地的数量进行大致的比例估算①。根据2015年、2016年、2017年、2018年户籍人口城镇化率进行计算②，2016年新增户籍城镇人口2120.3万人，2017年新增户籍城镇人口1902.2万人，2018年新增户籍城镇人口1647.7万人，三年平均每年新增户籍城镇人口1890.1万人，新增户籍

---

① 这里只对耕地和宅基地退出的状况进行大致估算，而对于农业转移人口其他土地成员权的退出没有进行估算，一是其他土地成员权的收益各地相差很大；二是这方面的数据严重缺乏，没办法收集。

② 2016～2018年的户籍人口城镇化率统计来自《国民经济和社会发展统计公报》（该公报自2016年才开始统计该指标），2015年的户籍人口城镇化率统计来自中商产业研究院。2015年全国（大陆地区）总人口为137462万人，户籍人口城镇化率为39.9%；2016年全国（大陆地区）总人口为138271万人，户籍人口城镇化率为41.2%；2017年全国（大陆地区）总人口为139008万人，户籍人口城镇化率为42.35%；2018年全国（大陆地区）总人口为139538万人，户籍人口城镇化率为43.37%。

城镇人口中农业转移人口是主体，按照70%的比例计算①，每年农业转移人口在城镇落户的人数为1323万人。按农村户籍人口计算，农村人口人均耕地为2.52亩②。如果每年1323万农业转移人口城镇落户后按100%的比例退出耕地，将退出耕地面积3334万亩；按50%的比例退出耕地，将退出耕地面积1667万亩；按20%的比例退出耕地，将退出耕地面积666.8万亩。根据《城乡建设统计年鉴》（2017）统计，农村人均住宅建筑面积为32.57平方米③。如果每年1323万农业转移人口城镇落户后按100%的比例退出宅基地，将退出宅基地面积43090.1万平方米（64.63万亩）；按50%的比例退出宅基地，将退出宅基地面积21545.1万平方米（32.32万亩）；按20%的比例退出宅基地，将退出宅基地面积8618万平方米（12.93万亩），具体见表7-1。

表7-1　农业转移人口年均土地退出目标估算

耕地退出			宅基地退出		
退出比例（%）	退出人数（万人）	退出面积（万亩）	退出比例（%）	退出人数（万人）	退出面积（万平方米）（万亩）
100	1323	3334	100	1323	43090.1（64.63）
50	661.5	1667	50	661.5	21545.1（32.32）
20	264.6	666.8	20	264.6	8618（12.93）

---

① 在新增户籍城镇人口中，应该主要有三大部分人口：一是农业转移人口（农民工），这部分是主体；二是"村改居"过程中将农村户籍变更为城镇户籍的人口；三是农村籍大学生的户口迁移，但根据新闻报道，农村籍大学生户口迁移比例在不断下降。农业转移人口占新增户籍城镇人口70%的比例应该算比较保守的估计。

② 根据《中国农村统计年鉴》（2018）和《2017年国民经济和社会发展统计公报》，2017年全国耕地面积为20.23亿亩，农村户籍人口为8.01亿人，人均耕地面积2.52亩。

③ 一般来说，人均住宅建筑面积要小于人均宅基地面积，因为宅基地面积不仅仅是住房占地面积，还包括屋场、晒坪等辅助生产生活用地面积等，所以宅基地面积要大于住房占地面积。这里将农村人均住宅建筑面积视同为人均宅基地面积。

第三节　土地退出的方式和程序

一、土地退出的方式

简单来说，土地退出方式可以分为两种，即市场化退出和非市场化退出。市场化退出是指农业转移人口直接将耕地、宅基地（含住房）和其他集体土地成员权通过市场交易的方式转让给本集体经济组织其他成员农户，地方政府和集体经济组织只需要提供监管、确认和变更登记等相关服务就可以了。在市场化退出中，又可以分为以实物形式市场化退出和以虚拟形式市场化退出两种。土地以实物形式退出很好理解，土地以虚拟形式退出就是将土地证券化和股份化以后再退出。宅基地（住房）基本是以实物形式退出，其他集体土地成员权基本是以虚拟形式退出，耕地有以实物形式退出和以虚拟形式退出两种。在经济发达地区或城市郊区，许多集体经济组织将包括耕地在内的集体土地（包含了其他土地成员权）进行了股份化改造，以股份的形式量化为组织内部农民共同占有，这里的农业转移人口退出土地就是退出虚拟化的个人股份。而在欠发达地区或纯农区，土地基本没有进行股份化改造，因此耕地就是以实物形式退出。至于其他集体土地成员权，在欠发达地区或纯农区其收益很有限，因此这些地区农业转移人口土地退出主要以实物形式退出耕地和宅基地（住房）。非市场化退出是指地方政府和集体经济组织主导的退出，即农业转移人口将耕地、宅基地（住房）和其他集体土地成员权退回给集体经济组织，集体经济组织根据一定的标准给予补偿。和市场化退出一样，非市场化退出也可以分为以实物形式非市场化退出和以虚拟形式非市场化退出。已经将土地资源进行股份化改造的集体经济组织，农业转移人口退出耕地将以虚拟股份的形式退回给集体经济组织，没有进行股份化改造的集体经济组织，农业转移人口退出耕地将以实物形式退回给集体经济组织。当然，宅基地（住房）一般都是以实物形式退回给集体经济组织，其他集体土地成员权一般都是以虚拟形式退回给集体经济组织。图7-1更直观地展示了土地退出方式。

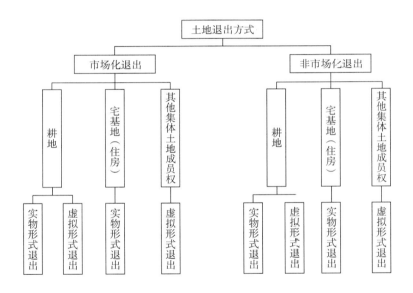

图7-1　农业转移人口土地退出方式示意图

二、土地退出的程序

农业转移人口土地退出程序一般来说包括以下六步：第一步是提出申请。由农业转移人口向集体经济组织提出土地退出的申请。第二步是审核批准。集体经济组织对提出退出土地申请的农业转移人口进行审核，审核主要包括退出的土地产权清晰、农业转移人口的集体成员资格明确，农业转移人口有稳定的经济收入和固定住所、不依靠土地生存，农业转移人口全体家庭成员同意，审核同意后报乡镇经管部门备案。如果是市场化退出土地，集体经济组织还需要对受地农户进行审核，审核其是否为本集体经济组织成员，受让土地的用途等。第三步是协商价格或价值评估。如果是市场化退出，退出双方直接协商价格就可以了。如果是非市场化退出，集体经济组织需要对退出的土地进行价值评估。第四步是签订协议。市场化退出是土地退出一方和受让土地一方签订土地转让协议，非市场化退出是农业转移人口直接和集体经济组织签订土地退出协议。第五步是兑付价款或支付补偿。市场化退出就是受让土地一方直接兑付价款给退出土地一方，非市场化退出就是集体经济组织向退出土地的农业转移人口支付补偿。第六步是变更登记或注销登记。如果是市场化退出，耕地承包权、宅基地的使用权和其他集体土地成员权就需要变更登记，如果是非市场化退出，农业转移人口关于土地各项权利需要进行注销登记。

第四节 土地退出的补偿方式和补偿标准

一、土地退出的补偿方式

一般来说，农业转移人口土地退出的补偿方式主要有两种，即货币化补偿和非货币化补偿。以市场化方式退出土地的通常采取货币化补偿方式，以非市场化方式退出土地的采取货币化补偿和非货币化补偿两种方式。非货币化补偿主要包括实物补偿、福利补偿和有价证券补偿三种。耕地退出的非货币化补偿主要采取福利补偿，如浙江嘉兴的耕地换"社保"、宁夏平罗的"以地养老"等。宅基地（住房）退出的非货币化补偿主要采取实物补偿和有价证券补偿，其中实物补偿主要是"宅基地换房"，有价证券补偿是指宅基地使用权人将宅基地复垦为耕地，经政府土地管理部门验收合格以后，由其发放有价证券（像重庆的"地票"、浙江义乌的"集地券"），宅基地使用权人拿着有价证券到政府成立的产权交易部门进行交易，收益在扣除相关费用后归宅基地使用权人所有①。

二、土地退出的补偿标准

如果土地是市场化退出，土地交易补偿价格是土地退出方和接受方根据土地供给和需求状况自行协商决定的，因此不需要制定补偿标准，也不能制定补偿标准。就像市场决定的商品价格，如果政府要通过制定具体的价格标准或者价格上限与下限进行干预，一定会导致市场没有效率甚至市场混乱。因此，土地退出的补偿标准主要针对土地的非市场化退出，因为没有市场或缺乏市场，需要制定补偿标准进行土地退出补偿。在土地的非市场化退出中，既可以采取货币化补偿，也可以采取非货币化补偿。

在货币化补偿中，补偿标准通常采用征地标准、土地收益贴现标准②和评估标准。①征地标准在《土地管理法》中有原则性规定，各省、自治区、直辖市有具体的规定。《土地管理法》第四十七条规定，征收土地按照土地的原有用途进行补偿。征收耕地的补偿费用包括土地补偿费、安置补助费以及地上附着物和青苗的补偿费。土地补偿费为该耕地被征收前三年平均年产值的 6 ~ 10 倍，每名需要安置的农业人口的安置补助费为该耕地被征收前三年平均年产值的 4 ~6 倍。如果土地补偿费和安置补助费不能使原有农民保持原有生活水平的，可以提高标准，但土地补偿费和安置补助费的总和不得超过土地被征

---

①　关于重庆市"地票"和浙江义乌"集地券"请参见《重庆市地票管理办法》和《义乌市"集地券"管理细则》。

②　其实，征地标准的理论基础也是土地收益贴现，只是政府通过规范性文件进行了具体规定。

收前三年平均年产值的 30 倍。征收其他土地的补偿标准参照征收耕地的补偿标准进行。各省、自治区和直辖市根据《土地管理法》的原则规定，制定了具体到每个县和每个县不同区域的征地补偿标准。如湖南省将每个县分为三个区域，每个区域制定不同的征地补偿标准①。②土地收益贴现标准主要针对耕地，用耕地每年的平均收益贴现一定的年限来计算耕地退出的补偿。平均收益一般根据当地主要农产品平均每年的收益或当地耕地流转价格来计算，贴现年限一般用剩余的承包年限。如宁夏平罗县对于土地承包经营权退出的补偿就是按照当年土地流转价格上浮 5% 的标准及二轮承包期剩余年限来进行一次性或逐年补偿②。③评估标准主要针对宅基地（住房），一般通过第三方土地价值评估机构给出具体的补偿标准。对宅基地（住房）进行评估主要考虑当地经济发展水平、宅基地（住房）的位置和宅基地（住房）本身的状况等因素。

在土地的非市场化退出中，非货币化补偿主要包括实物补偿、福利补偿和有价证券补偿三种。①实物补偿主要是利用退出的宅基地（住房）置换城镇住房，置换的标准有根据宅基地（住房）面积置换、家庭人口数量置换和通过货币中介置换三种。宅基地（住房）面积置换很好理解，就是根据退出宅基地的面积（住房的建筑面积）置换城镇同等面积或一定比例面积的住房。如天津市华明镇的规定，每一平方米农村住房的主房可置换一平方米商品房，每两平方米住房的附房可置换一平方米商品房③。家庭人口数量置换就是当地政府规定每名农业转移人口可以免费享受城镇住房的面积，然后根据家庭人口数量计算退出宅基地（住房）的家庭可以置换的城镇住房面积。如浙江省上

---

① 请参见《湖南省人民政府关于调整湖南省征地补偿标准的通知》。

② 请参见《平罗县农民集体土地和房屋产权自愿永久退出收储暂行办法》。

③ 请参见《天津"宅基地换房"调研报告》，网址：http：//www.doc88.com/p － 0833294182412. html.

虞市规定，宅基地（住房）换房按照人均建筑面积40平方米的标准来确定①。货币中介置换标准是指退出的宅基地（住房）用货币计价，用于置换的城镇住房也用货币计价，当农业转移人口根据自己需要用宅基地（住房）置换城镇住房时，实行"多退少补"。②福利补偿主要是用承包地换取社会保障。换取社会保障的标准一般参照当地政府征地过程中的人员安置补偿标准进行。如杭州市，对16~60周岁男性、16~50周岁女性的农村家庭土地承包经营权利人，参照当地征地农转非人员"低标准缴费、低标准享受"（以下简称"双低"）养老保险的标准和办法置换养老保险；对16周岁以下的农村家庭土地承包经营权利人，参照各地征地补偿政策中劳力安置补助费标准以一次性货币补偿的形式提供基本生活保障；对60周岁以上男性、50周岁以上女性的农村家庭土地承包经营权利人，在参照各地征地补偿政策中劳力安置补助费标准实行一次性货币补偿的基础上，按照征地农转非劳动年龄段以上人员生活补贴的标准，给予相应的生活补助②。③有价证券补偿主要是通过将宅基地复垦为耕地，用建设用地指标进行补偿。一般来说，建设用地指标补偿的标准就是政府土地管理部门验收合格的实际复垦为耕地的面积。

第五节　小结

本章从土地退出的主体和客体、土地退出的原则和目标、土地退出的方式

---

① 请参见《拿农村宅基地换城里一套房，上虞"1 + 4 + X'模式启动》，网址：http://zjnews. zjol. com. cn/system/2010/08/20/016863980. shtml.

② 请参见杭州市委办公厅、市政府办公厅发布的《关于农村住宅置换城镇产权住房土地承包经营权置换城镇社会保障的若干意见》。

和程序、土地退出的补偿方式和补偿标准四个方面构建了农业转移人口土地退出机制。土地退出的主体包括拥有土地权利的退出方和接受土地权利转让的接受方。拥有土地权利的退出方是指自愿在城镇定居并取得城镇户籍的农业转移人口，以户为单位；接受土地权利转让的接受方是指农业转移人口所在的集体经济组织或本集体经济组织内部的其他成员农户两个主体。土地退出的客体是指耕地的承包权、宅基地的资格权和使用权（含住房所有权）以及其他集体土地成员权。土地退出的原则是自愿有偿、政府有为、发挥市场机制、渐进稳妥四个原则。土地退出的目标从理想角度是已经实现市民化的农业转移人口都应该退出土地，但实际上不太可能。本章根据农业转移人口市民化的人数对退出土地的数量进行了大致的比例估算。土地退出方式包括市场化退出和非市场化退出，这两种退出方式中分别又包括以实物形式退出和以虚拟形式退出。土地退出的程序一般包括提出申请、审核批准、协商价格或价值评估、签订协议、兑付价款或支付补偿、变更登记或注销登记六步。土地退出的补偿方式包括货币化补偿和非货币化补偿，其中非货币化补偿包括实物补偿、福利补偿和有价证券补偿三种。关于土地退出的补偿标准，市场化退出不需要制定补偿标准，只有非市场化退出才需要制定补偿标准。在土地非市场化退出补偿中，货币化补偿标准通常采用征地标准、土地收益贴现标准和评估标准。非货币化补偿中实物补偿主要针对宅基地（住房）退出，其补偿标准主要是根据宅基地（住房）面积置换、家庭人口数量置换和通过货币中介置换三种。非货币化补偿中福利补偿主要针对承包地退出，其补偿标准一般参照当地政府征地过程中的人员安置补偿标准进行。非货币化补偿中有价证券补偿主要是通过将宅基地复垦为耕地，用建设用地指标来进行补偿，其标准是政府土地管理部门验收合格的实际复垦为耕地的面积。

第八章　新型城镇化进程中农业转移人口土地退出的实现途径

第七章构建了新型城镇化进程中农业转移人口土地退出机制，如何使该机制有效运转，使有意愿退出土地的农业转移人口能够顺畅退出土地，需要中央政府和地方政府建立和完善与土地退出相关的制度和政策保障，需要集体经济组织作为土地所有者和土地退出主体不断提高与土地退出相关的各种能力建设，需要第三方机构不断完善与土地退出相关的市场化服务。

第一节　中央政府层面

农业转移人口退出土地如何实现，中央政府需要进行整体制度设计，具体包括推进产权界定、制订总体方案、实施制度创新、完善政策保障和成立土地金融机构五个方面。

一、推进产权界定

前面已经分析，明确清晰的土地产权是农业转移人口退出土地的前提。农业转移人口退出土地的权利包括承包权、宅基地（住房）的资格权和使用权以及其他集体土地成员权三部分，权利的界定既包括对属于农业转移人口的承包地和宅基地的确权登记，也包括对农业转移人口的集体成员资格的界定。承包地的确权登记全国于 2018 年底基本完成，现在正在组织"回头看"，排查漏人漏地、信息不准等情况。宅基地（住房）的确权登记正在推进，中央要求 2020 年底基本完成。集体成员资格的界定作为集体产权制度改革的重要一环，也处于实践推进中，但面临很多矛盾，如谁来界定集体成员资格、按照什么标准界定集体成员资格等①。2018 年 12 月 29 日新修订的《农村土地承包法》第六十九条指出："确认农村集体经济组织成员身份的原则、程序等，由法律、法规规定。"农业农村部在 2019 年的工作计划中正式提出"加快推进农村集体经济组织立法进程"②。集体成员权的界定还需要制定法律、法规。因此，为了使有意愿退出土地的农业转移人口能够顺畅退出土地，中央政府需要继续推进产权界定。

二、制订总体方案

现在中央政府关于农业转移人口土地退出问题，只是在法律和政策上进行了原则性规定，如农业转移人口在城镇落户不以退出承包权、宅基地使用权和集体收益分配权为前提，农业转移人口是否退出土地遵循自愿有偿原则等，至于农业转移人口到底应该如何退出土地缺乏总体的、可操作的方案。如土地退

---

① 具体参见第四章中"农业转移人口土地退出的前提：权利界定"部分。
② 具体参见《农业农村部政策与改革司 2019 年工作要点》。

出有哪些方式、土地退出需要经过哪些程序、如何对退出的土地进行补偿、补偿的标准是什么、补偿的钱从哪里来、如何防范土地退出的风险、如何将土地退出与农业现代化和新型城镇化结合起来并制定配套的相关政策等，这些都需要中央政府站在全国的层面进行全盘考虑、总体设计。当前农业转移人口的土地退出基本是各地自行其是、各自为政，退出方式、补偿方式和标准等五花八门，甚至违法违规的行为也时有发生。特别是各个地方政府基本只考虑了本地农业转移人口在本地城镇化的土地退出问题，没有考虑跨区域特别是跨省农业转移人口城镇化过程中的土地退出问题，这就很有局限性，甚至容易出现地方保护主义，不利于新型城镇化的推进。因此，农业转移人口退出土地需要在中央政府层面制订总体方案。

三、实施制度创新

从土地退出的供给方来看，现在的调研数据显示，农业转移人口退出土地的意愿并不高。其实在日本、韩国和中国台湾地区等发达国家及地区，农业转移人口退出土地的比例也不高，"惜地""恋土"情结也比较重。从土地退出的市场需求方来看，现在的法律和政策规定，农业转移人口的土地只能退给集体经济组织和本集体经济组织的成员农户（以转让形式），土地退出的需求市场很有限。为了稳妥渐进地推进农业转移人口退出土地，需要中央政府在国家层面继续实施制度创新。一是可以考虑建立农民退休制度。对于达到一定年龄（如65周岁）的退休农民，只要退出土地就可以在享受城乡居民养老保险的基础上获得额外的退休津贴。考虑到我国农民数量众多，农民退休制度可以先在发达地区试点推行，取得经验后再进行推广。二是可以考虑建立"农业人"认证制度。"农业人"认证制度是日本的经验，通过政府认证的"农业人"，可以参与农业转移人口退出土地的转让，这样就扩大了我国现有的土地退出转让只能局限在本集体组织内部的市场范围。当然，对于"农业人"接受土地转让的面积可以设置上限，防止土地分配差异过大。

四、完善政策保障

为了使农业转移人口愿意退出土地，退出土地后农业转移人口的生活水平至少不下降，中央政府需要完善土地退出政策保障。农业转移人口在城镇落户后，要和当地城镇居民享受同等的住房保障、医疗保险、养老保险和子女教育等才会愿意退出农村的土地。而这些保障措施的落地需要当地城镇的政府财政出资，为了调动当地城镇政府接纳农业转移人口落户积极性，使落户的农业转移人口享有与本地原有居民同等的社会保障，中央政府需要进行财政转移支付，特别是对于地处于中西部地区的城镇政府。如果没有中央政府的财政转移支付，它们可能既没有能力也没有积极性接纳农业转移人口在城镇落户。现在中央政府建立了农业转移人口市民化与财政转移支付挂钩的政策，对于农业转移人口市民化实施奖励①，但财政转移支付的额度、覆盖面和效果等还需要完善。另外，为了保障农业转移人口在城镇落户后生活水平至少不下降，需要不断提高农业转移人口的生存技能和工作能力，中央政府出台政策对农业转移人口进行文化、职业或技能培训显得尤为重要。2019 年 1 月 9 日国家人力资源和社会保障部发布《新生代农民工职业技能提升计划（2019—2022 年)》，对新生代农民工的职业技能培训做出了整体安排，但需要地方政府落实。

五、成立土地金融机构

现在接受农业转移人口退出土地的主体一是集体经济组织；二是本集体经济组织的成员农户。有意愿退出土地的农业转移人口只有获得自身愿意接受的

---

① 具体请参见 2016 年 7 月 27 日国务院发布的《关于实施支持农业转移人口市民化若干财政政策的通知》和 2016 年 11 月 18 日财政部发布的《中央财政农业转移人口市民化奖励资金管理办法》。

最低土地退出补偿才会真正退出土地，可问题是土地退出补偿的钱从哪里来？现在集体经济组织基本可以说是"空壳"，没有或只有很少的集体经济收入，集体经济组织很难有能力补偿农业转移人口退出的土地。至于本集体经济组织的成员农户，虽然近年来家庭农场、专业大户有所发展，但农村还是以小农户为主[1]。小农户支付农业转移人口退出土地的转让费，能力也很有限。因此，在国家层面成立土地金融机构，支持集体经济组织和本集体经济组织的成员农户实现接受退出土地的资金融通就显得很有必要[2]。土地金融机构可以是在现有银行金融机构中（如农业银行、农村商业银行）专门设立农地金融部门，或者政府成立农地退出收储基金，或者成立专门的土地银行。土地金融机构的资金来源除政府注入资金以外，可以通过发行土地债券等筹资。

第二节　地方政府层面

在农业转移人口退出土地过程中，地方政府扮演的角色一是落实中央政府的整体制度设计和土地退出的总体方案，二是结合本地实际，可以对土地退出方式、落户、保障政策等方面进行创新。

---

① 中央办公厅、国务院办公厅下发的《关于促进小农户和现代农业发展有机衔接的意见》指出："当前和今后很长一个时期，小农户家庭经营将是我国农业的主要经营方式。"

② 2015 年 8 月 24 日国务院发布《关于开展农村承包土地的经营权和农民住房财产权抵押贷款试点的指导意见》，正式开始承包土地的经营权和农民住房财产权的抵押贷款试点工作。新修订的《农村土地承包法》第四十七条规定："承包方可以用承包地的土地经营权向金融机构融资担保。"从这几年来的试点实践来看，金融机构进行土地抵押贷款的积极性不高，真正获得土地抵押贷款的农户很少。

一、落实产权界定

按照中央政府的统一部署,地方政府需要落实和细化产权界定,使农业转移人口的土地边界清晰、权利明确。承包地的确权登记要搞好"回头看",对于人、地数据进行查漏补缺,对于土地权属纠纷进行调解仲裁。尽早将公示无异议的承包地确权登记数据上网,将确权证书发放到农民手中。宅基地的确权登记正在实施,要依据原国土资源部 2016 年颁发的《关于进一步加快宅基地和集体建设用地确权登记发证有关问题的通知》精神,严格按照确权登记的程序,重点处理好"一户多宅"、宅基地超面积、非本农民集体成员合法取得的宅基地使用权等历史遗留问题,在 2020 年底之前完成宅基地的确权登记工作①。现在集体成员资格的界定中央政府没有统一的标准,各个地方政府需要根据实际进行探索,为中央政府将来的集体经济组织立法提供地方经验。关于集体成员资格界定标准至少每个县级政府需要制定一个指导意见。

二、编制地方方案

中央政府制定的土地退出方案是原则性的,各个地方政府需要根据地方实际制订落地的详细的土地退出方案。在地方政府层级中,县级政府制订的土地退出方案最为重要,因为乡级政府职能太弱、省级和市级政府覆盖面又太宽。在土地退出方案中,要成立农业转移人口土地退出工作的领导机构,明确政府的农业农村部门为主管部门,自然资源部门、建设部门、财政部门和规划部门等进行协助。在土地退出方案中,土地退出方式、土地补偿方式和补偿标准最为重要,关系到土地退出效果和农业转移人口的权益维护。一般来说,经济发达地区或城市郊区更多地采用非市场化退出的方式,补偿也更多地采取非货币

---

① 2018 年机构改革以后,农村宅基地的管理职能已经调整到新成立的农业农村部门。

化补偿，因为这些地区政府财力雄厚，农业转移人口基本也在本地城镇化。反过来，经济欠发达地区更多地采用市场化退出，补偿也更多地采取货币化补偿[①]。当然，各个地方政府需要在土地退出方式、补偿方式等方面进行创新，如重庆市的"地票"、浙江义乌的"集地券"、重庆梁平的"进退联动"等都是很好的土地退出创新形式。在土地退出方案中，可以考虑设立土地退出专项补偿基金，或者根据中央政府的部署，成立地方性的专司土地抵押、交易等活动的土地金融机构。

三、落实社会保障

关于退地农户的社会保障，中央政府的角色是进行整体制度设计，通过财政转移支付平衡和激励地方政府的行为。地方政府的角色主要是依据中央的整体制度设计，根据地方的实际和需要进行落实。各个地方政府在落实退地农户的社会保障时主要和农业转移人口在城镇的落户政策捆绑在一起。如湖南省长沙市关于农业转移人口在市区落户的政策是，在长沙市区合法稳定就业并有合法稳定住所（含租赁），同时按照国家规定在长沙市参加城镇社会保险满一年，可以申请将本人及其共同居住生活的配偶、子女、父母的户口迁入居住地城镇地区[②]。在城镇落户以后，就可以和当地城镇居民一样享受社会保障和城镇福利。现在除北上广深等几个一线城市外，省会城市对于农业转移人口的落户政策门槛在不断下降，地市级及以下城市几乎都没有门槛限制[③]。另外，各个地方政府要积极落实人力资源和社会保障部发布的《新生代农民工职业技

---

① 当然，近几年在扶贫攻坚工作中，欠发达地区的农民退出土地也多采用非市场化退出、补偿也采用非货币化，譬如移民易地搬迁、在城镇集中安置。

② 参见 2016 年 5 月 31 日长沙市公安局发布的《长沙市常住户口登记管理规定》和 2018 年长沙市公安局发布的《关于进一步规范市外迁入人员落户条件的通知》。

③ 当然，有些沿海发达地区的地市级城市对于农业转移人口落户还是有限制，除此之外，地市级城市对于农业转移人口几乎没有门槛限制。

能提升计划（2019－2022）》和国务院办公厅发布的《职业技能提升行动方案（2019－2021）》，对农业转移人口（农民工）开展多种形式的就业技能、岗位技能和创新创业培训，将其培养成高素质技能劳动者和稳定就业的产业工人。

第三节　集体经济组织层面

集体经济组织是农村土地的所有者。在市场化退出土地过程中，集体经济组织是土地转让交易双方的监督者、管理者和协调者；在非市场化退出土地过程中，集体经济组织又是农业转移人口退出土地的接受者、补偿者。农业转移人口退出土地，集体经济组织扮演着重要角色。

一、组织和实施产权界定

界定产权中央政府制定政策，地方政府制订方案，集体经济组织负责具体组织和实施。土地确权登记具体包括成立机构、制订方案、宣传培训、收集资料、摸底调查、制作底图、外业调查、内业编辑、张榜公示、签印确认、数据建库、审核颁证、资料归档、检查验收 14 个工作流程①，可以说，每一个土地确权登记的工作流程都需要集体经济组织的组织、协助和具体实施，没有集体经济组织的参与和职能发挥，土地确权登记不可能完成。特别是在当前集体产权制度改革中集体成员资格的界定（包含集体土地成员权）问题上，国家没有专门的法律进行界定，部门法之间还存在一些矛盾，地方政府也没有法规

---

① 具体参见《湖南省农村土地承包经营权确权登记颁证工作操作规范（试行）》和《广东省农村土地承包经营权确权登记颁证实施方案》。

和规章进行规制，当前试点地区的做法主要是在群众民主协商的基础上由集体经济组织来认定农村集体经济组织成员身份①。

二、协调和服务土地退出

集体经济组织需要成立土地退出服务机构，为农业转移人口退出土地提供协调与服务。在市场化退出土地过程中，集体经济组织需要帮助农业转移人口寻找交易转让对象，协助交易双方签订转让协议和支付交易价款，交易完成后土地退出人与集体经济组织的土地承包关系和宅基地使用关系终止，土地受让人与集体经济组织重新签订土地承包合同、重新建立宅基地使用关系。最后将交易转让结果报所辖乡镇人民政府备案并将交易数据录入农村土地确权登记颁证数据库。如果对于农业转移人口退出的土地，受让人比较多，集体经济组织需要组织公开竞标来确定适宜的受让人。在非市场化土地退出过程中，集体经济组织本身就是土地的受让人。由于是非市场化退出，集体经济组织需要组织第三方评估机构对退出的耕地和宅基地（含住房）进行价值评估，然后根据评估价值和退出土地的农业转移人口进行协商，确定土地退出的支付价款。非市场化土地退出完成后，对农业转移人口的土地产权进行注销登记。可以说，无论是土地市场化退出还是非市场化退出，土地退出的各个环节都需要集体经济组织提供协调和服务。如果没有集体经济组织提供的协调和服务，农业转移人口很难顺畅退出土地。

---

① 2016 年 12 月 26 日中共中央、国务院发布的《关于稳步推进农村集体产权制度改革的意见》第十条提出："依据有关法律法规，按照尊重历史、兼顾现实、程序规范、群众认可的原则，统筹考虑户籍关系、农村土地承包关系、对集体积累的贡献等因素，协调平衡各方利益，做好农村集体经济组织成员身份确认工作，解决成员边界不清的问题。改革试点中，要探索在群众民主协商基础上确认农村集体经济组织成员的具体程序、标准和管理办法，建立健全农村集体经济组织成员登记备案机制。"

三、监管和审查土地退出

集体经济组织是农村土地的所有者，是耕地的发包者，《土地管理法》和《农村土地承包法》都赋予了集体经济组织监督和管理农村土地的权利。如果农业转移人口是通过市场化的方式退出土地，对于接受转让的交易对象集体经济组织必须进行监督和审查，审查其交易对象是否合乎资格，监督交易的风险，规制交易土地的利用。现阶段只能是本集体经济组织成员农户才能接受土地转让，如果是非本集体经济组织成员农户接受土地转让，需要先落户成为本集体经济组织成员才行①。对于退出土地的农业转移人口，集体经济组织还需要对其退地的风险进行审查和评估。现在农村土地依然是农民的社会保障，集体经济组织可以说还拥有农民保障共同体的功能，如果只要农民退地就一退了之甚至还积极鼓励和推动农民退地，那有可能将矛盾和风险推给国家和社会。因此，集体经济组织对于退地的农业转移人口需要审查其是否合乎条件，如权属是否清晰，是否拥有稳定的就业和住所，所有家庭成员是否同意，是否参加养老保险、医疗保险等社会保障等。另外，是否可以考虑建立土地退出后悔机制，如果农业转移人口退出土地后悔了，可以以有偿的方式再次获得本集体经济组织的土地。

四、发展和壮大集体经济

如果农业转移人口的土地直接退回给集体经济组织，集体经济组织需要支付土地补偿款。现在大部分集体经济组织是一个"空壳"，没有多少集体经济收入，很难有能力正常支付农业转移人口的土地补偿款。集体经济组织除了向

---

① 至于是否可以借鉴日本的做法，由政府认定的"农业人"也可以参与农业转移人口的土地转让，这需要政府出台政策，集体经济组织本身没有权利做。

金融机构借贷或向政府成立的土地退出基金借周转金以外，最为核心和关键的是增强集体经济组织本身的实力，增加集体经济收入。如何增加集体经济收入？首先是要利用、盘活集体还没有充分利用甚至"沉睡"的资源。如集体经济组织将未承包给农户的集体土地、林地、荒山、滩涂、水域等自然资源性资产经营权和房屋、建筑用地（物）、基础设施等经营性资产的使用权出租或入股给企业等新型农业经营主体，获得收益。其次是充分利月国家的法律和政策增加集体经济收入。如新修订的《土地管理法》已经明确，土地利用总体规划、城乡规划确定为工业、商业等经营性用途，并经依法登记的集体经营性建设用地，可以通过出让、出租等方式交由单位或者个人使用①。集体经营性建设用地直接入市能增加集体经济收入。最后是集体经济组织本身要组织起来，整合上级财政转移支付资金、社会帮扶资金、集体自筹资金等，通过村企联手共建、合资合作等方式，发展村级优势产业，或利用本地生态环境、人文历史等资源发展休闲农业或乡村旅游等。

第四节　第三方机构层面

在农业转移人口退出土地过程中，还需要第三方机构提供诸如评估、金融和信托等专业服务，做一些政府和集体经济组织不能做或做起来成本很高的事情。

---

① 具体参见新的《土地管理法》第六十三条。

一、土地评估机构

当农业转移人口的土地以非市场化的方式退回给集体经济组织时,其土地补偿款支付需要土地价值评估机构进行评估。土地价值评估机构进行地价评估时,应该遵循公平原则、最有效利用原则、替代原则、预期收益原则和供需原则五个原则[①],运用诸如市场比较法、收益还原法、成本逼近法和基准地价系数修正法等方法[②],客观地估算出农业转移人口退出土地的价值。如果农业转移人口对于退出土地的估价有异议,可以申请复核估价或者另行委托其他土地价值评估机构进行评估。现阶段,土地价值评估的费用一般由集体经济组织来承担或者由当地政府进行补贴比较适宜,如果农业转移人口对评估价值有异议,另行委托其他土地价值评估机构进行评估,其费用由农业转移人口来负担。

二、土地金融机构

前面已经阐述了成立土地金融机构的必要性以及几种可能的设置方式。土地金融机构需要根据实际设计良好的土地金融产品,为实现农业转移人口顺畅退出土地提供资金融通。土地金融机构使用最多的金融产品应该是土地抵押贷款。接受土地的本集体组织成员农户或集体经济组织通过土地抵押贷款获取支付土地补偿款的资金。当然,土地抵押贷款亦可用于农地改良资金的融通和农地经营资金的融通等。现在法律规定集体经营性建设用地可以直接入市,理所当然,土地金融机构可以从事集体经营性建设用地使用权抵押贷款。土地金融

---

① 土地价值评估的五个原则详见毕宝德主编的《土地经济学》第十七章地价理论及其应用。其中替代原则是指土地作为一种特殊商品,在同一供需圈,同一时期同一功能或类似功能的土地在相同土地利用条件下,其价格应该相近。

② 实践中土地价值评估用得最多的方法是基准地价系数修正法。每种具体的方法同样详见毕宝德主编的《土地经济学》第十七章地价理论及其应用。

机构还可以从事土地信托。农业转移人口将要退出的土地委托给土地金融机构，土地金融机构通过分期支付土地补偿款，或者土地金融机构可以通过向农业转移人口发放土地债券来支付土地补偿款。

三、其他第三方机构

在农业转移人口退出土地过程中，还需要其他一些第三方机构提供服务。如在土地确权登记颁证过程中，需要土地测绘技术服务公司实地测量土地、制作卫星图片、上传档案资料等；在确权登记和交易转让过程中，如果出现产权纠纷，需要仲裁机构进行仲裁，有些还需要司法机关进行裁判；在土地市场化退出和非市场化退出过程中，交易转让双方还可以申请司法公正。以上这些第三方机构主要为农业转移人口土地退出提供确权技术、产权纠纷仲裁和司法裁判、交易过程的司法公正等服务。

第五节　小结

本章阐述了农业转移人口土地退出的实现途径。从中央政府层面来说，需要推进产权界定、制订总体方案、实施制度创新、完善政策保障和成立土地金融机构；从地方政府层面来说，需要落实产权界定、编制地方方案、落实社会保障；从集体经济组织层面来说，需要组织和实施产权界定、协调和服务土地退出、监管和审查土地退出、发展和壮大集体经济实力；从第三方机构层面来说，需要第三方机构提供土地价值评估、土地资金融通、土地产权仲裁和司法裁判等服务。

参考文献

［1］蔡昉．劳动力供给不稳定的原因［EB/OL］．中国社会科学网，2017 – 04 – 10．

［2］蔡昉．释放农民工市民化的"制度红利"［N］．21 世纪经济报道，2013 – 08 – 12．

［3］都阳，蔡昉，屈小博，程杰．延续中国奇迹：从户籍制度改革中收获红利［J］．经济研究，2014（8）．

［4］陈斌开，陆铭，钟宁华．户籍制约下的局面消费［J］．经济研究，2010（S1）．

［5］文乐，周志鹏．农民工留城意愿对农民工家庭消费的影响研究［J］．人口与发展，2019（4）．

［6］陶然，徐志刚．城市化，农地制度与迁移人口社会保障——一个转轨中发展的大国视角与政策选择［J］．经济研究，2005（12）．

［7］陶然，史晨，汪晖，庄谷中．"刘易斯转折点悖论"与中国户籍—土地—财税制度联动改革［J］．国际经济评论，2011（3）．

［8］贺雪峰．农民进城不可激进［EB/OL］．观察者网，2013 – 12 – 17．

［9］陈会广，刘忠原，石晓平．土地权益在农民工城乡迁移决策中的作

用研究——以南京市 1062 份农民工问卷为分析对象 [J]. 农业经济问题，2012（7）.

[10] 陈锡文. 农民进城放不放弃承包地完全由他自己决定 [N]. 农民日报，2011 - 03 - 18.

[11] 刘超. 土地承包经营权退出的实践逻辑与目标偏离 [J]. 经济学家，2018（1）.

[12] 王丽双，王春平，孙占祥. 农户分化对农地承包经营权退出意愿的影响研究 [J]. 中国土地科学，2015（9）.

[13] 高佳，李世平. 农户土地承包权退出意愿的影响因素 [J]. 干旱区资源与环境，2016（8）.

[14] 王常伟，顾海英. 城镇住房，农地依赖与农户承包权退出 [J]. 管理世界，2016（9）.

[15] 杨照东，任义科，杜海峰. 确权、多种补偿与农民工退出农村意愿 [J]. 中国农村观察，2019（2）.

[16] 罗必良，何应龙，汪沙，尤娜莉. 土地承包经营权：农户退出意愿及其影响因素分析——基于广东省的农户问卷 [J]. 中国农村经济，2012（6）.

[17] 罗必良. 农地保障和退出条件下的制度变革：福利功能让渡财产功能 [J]. 改革，2013（1）.

[18] 陈霄. 农民宅基地退出意愿的影响因素——基于重庆市“两翼”地区 1012 户农户的实证分析 [J]. 中国农村观察，2012（3）

[19] 傅熠华. 农民工农村宅基地退出的决策逻辑——基于全国 2328 户农民工家庭的实证研究 [J]. 经济体制改革，2018（6）.

[20] 沈昊婧，冯长春，陈春. 人力资本视角下农民宅基地退出意愿影响因素研究——以河南省新乡市为例 [J]. 北京大学学报（自然科学版），2018（3）.

[21] 王兆林，杨庆媛，骆东奇. 农民宅基地退出差异性受偿意愿及其影

响因素分析［J］. 中国土地科学, 2018 (9).

　　［22］王子坤, 邹伟, 王雪琪. 农户宅基地退出的行为与意愿悖论研究［J］. 中国土地科学, 2018 (7).

　　［23］傅晨, 陈漆日. 农业转移人口市民化背景下农村土地制度创新思考: 一个退出权操作方案［J］. 广东社会科学, 2017 (2).

　　［24］张克俊, 李明星. 关于农民土地承包经营权退出的再分析与政策建议［J］. 农业工程学报, 2018 (10).

　　［25］牛海鹏, 孙壹鸣. 农户土地承包经营权退出意愿影响因素及退出模式研究［J］. 农村经济, 2019 (11).

　　［26］王常伟, 顾海英. 城镇住房, 农地依赖与农户承包权退出［J］. 管理世界, 2016 (9).

　　［27］何盈盈, 冉瑞平, 尹奇, 刘云强, 戴小文. 土地承包权退出补偿标准研究——基于农户的需求调查［J］. 中国农业资源与区划, 2018 (12).

　　［28］郑雄飞. 破解"土地换保障"的困境——基于"资源"视角的社会伦理学分析［J］. 社会学研究, 2010 (6).

　　［29］魏后凯, 刘同山. 农村宅基地退出的政策演变, 模式比较及制度安排［J］. 东岳论丛, 2016 (9).

　　［30］刁其怀. 宅基地退出: 模式, 问题及建议——以四川省成都市为例［J］. 农村经济, 2015 (12).

　　［31］吕军书, 翁晓宇. 农户宅基地退出的补偿意愿调查及政策建议［J］. 西北农林科技大学学报 (社会科学版), 2019 (1).

　　［32］付文凤, 郭杰, 欧名豪, 易家林. 基于机会成本的农村宅基地退出补偿标准研究［J］. 中国人口·资源与环境, 2018 (3).

　　［33］吴胜杰. 统筹城乡发展中农民市民化的政策突破——以重庆市九龙坡区先行示范改革为例［J］. 农村经济, 2008 (12).

［34］张红星，桑铁柱．农民利益保护与交易机制的改进——来自天津"宅基地换房"模式的经验［J］．农业经济问题，2010（5）．

［35］马小勇，薛新娅．中国农村社会保障制度改革：一种"土地换保障"的方案［J］．宁夏社会科学，2004（3）．

［36］秦晖．中国农村土地制度与农民权利保障［J］．探索与争鸣，2002（7）．

［37］李力行．合法转让权是农民财产性收入的基础——成都市农村集体土地流转的调查研究［J］．国际经济评论，2012（2）．

［38］余永和．农村宅基地退出试点改革：模式、困境与对策［J］．求实，2019（4）．

［39］成汉昌．中国土地制度与土地改革——20世纪前半期［M］．北京：中国档案出版社，1994.

［40］陆益龙．1949年后的中国户籍制度：结构与变迁［J］．北京大学学报（哲学社会科学版），2002（2）．

［41］杨一介．农村地权制度中的农民集体成员权［J］．云南大学学报（法学版），2008（5）．

［42］吴兴国．集体组织成员资格及成员权研究［J］．法学杂志，2006（2）．

［43］张红．农地纠纷，村民自治与涉农信访——以北京市调研为依据［J］．中国法学，2011（3）．

［44］杨攀．农村集体经济组织成员资格标准的法律分析与实践［J］．西南政法大学学报，2011（3）．

［45］徐志强．农地流转改革背景下集体成员权的重构［J］．农村经济，2014（9）．

［46］余梦秋，陈家泽．固化农村集体经济组织成员权的理论思考［J］．

财经科学，2011（11）.

［47］王利明，周友军．论我国农村土地权利制度的完善［J］．中国法学，2012（1）.

［48］童列春．论中国农民成员权［J］．浙江大学学报（人文社会科学版），2015（2）.

［49］张明慧，孟一江，龙贺兴，刘金龙．社会界面视角下农村成员权认定的实践逻辑——基于湖南S村集体林权改革的实践［J］．中国农业大学学报（社会科学版），2014（1）.

［50］张千帆．国家主权与地方自治：中央与地方关系的法治化［M］．北京：中国民主法制出版社，2012.

［51］刘婧娟．论农村的自治与民主——对农村政治制度中基本问题的分析［M］．北京：法律出版社，2010（12）.

［52］哈耶克．法律，立法与自由（第一卷）［M］．北京：中国大百科全书出版社，2000.

［53］苏力．中国当代法律中的习惯——从司法个案透视［J］．中国社会科学，2000（3）.

［54］苏力．当代中国法律中的习惯——一个制定法的透视［J］．法学评论，2001（3）.

［55］高其才．试论农村习惯法与国家制定法的关系［J］．现代法学，2008（3）.

［56］周雪光．"关系产权"：产权制度的一个社会学解释［J］．社会学研究，2005（2）.

［57］陈柏峰．群体性事件的发生机理：权利视角［J］．法学研究，2014（1）.

［58］徐勇．现代国家的建构与村民自治的成长——对中国村民自治发生

与发展的一种阐释［J］．学习与探索，2006（6）．

［59］黄平．重建社区公共性——新农村社区建设的实践与思考［J］．中国经济，2010（3）．

［60］蒋省三，刘守英．土地资本化与农村工业化——广东省佛山市南海经济发展调查［J］．管理世界，2003（11）．

［61］北京大学国家发展研究院综合课题组．还权赋能——成都土地制度改革探索的调查研究［M］．北京：北京大学出版社，2010.

［62］韩松．论成员集体与集体成员——集体所有权的主体［J］．法学，2005（8）．

［63］魏文斌，焦毅，罗娟，张懿娣，刘辉．村民资格问题研究［J］．西北民族大学学报（哲学社会科学版），2006（2）．

［64］阿马蒂亚·森．伦理学与经济学［M］．北京：商务印书馆，2006.

［65］戴维·米勒．社会正义原则［M］．南京：江苏人民出版社，2008.

［66］迈克尔·桑德尔．公正［M］．北京：中信出版社，2012.

［67］邓正来．规则·秩序·无知：关于哈耶克自由主义的研究［M］．北京：生活·读书·新知三联书店，2004.

［68］毕宝德．土地经济学（第七版）［M］．北京：中国人民大学出版社，2016.

［69］姚洋．控制房价最简单的办法是什么？［EE/OL］．新华网，2017 - 03 - 28.

［70］贺雪峰．土地私有化搞不得［EB/OL］．爱思想网，2016 - 02 - 02.

［71］高圣平．承包地三权分置的法律表达［J］．中国法学，2018（4）．

［72］高圣平．宅基地制度改革政策的演进与走向［J］．中国人民大学学报，2019（1）．

［73］黄宗智．中国的非正规经济再思考［J］．开放时代，2017（2）．

［74］单成蔚，秦玉友．农民工随迁子女义务教育入学条件分析［J］．四川师范大学学报（社会科学版），2018（2）．

［75］谭崇台．发展经济学［M］．太原：山西经济出版社，2006.

［76］钟水映，李春香．乡城人口流动的理论解释：农村人口退出视角——托达罗模型的再修正［J］．人口研究，2015（6）．

［77］哈尔·R. 范里安．微观经济学：现代观点［M］．上海：格致出版社，2012.

［78］陈海磊，史清华，顾海英．农户土地流转是有效率的吗？——以山西为例［J］．中国农村经济，2014（7）．

［79］夏柱智，贺雪峰．半工半耕与中国渐进城镇化模式［J］．中国社会科学，2017（12）．

［80］徐保根，杨雪锋，陈佳骊．浙江嘉兴市"两分两换"农村土地整治模式探讨［J］．中国土地学，2011（1）．

［81］黄奇帆．重庆地票制度是怎么一回事？［J］．学习时报，2015 – 05 – 04.

［82］苏芳，徐中民，尚海洋．可持续生计分析研究综述［J］．地球科学进展，2009（1）．

［83］袁方，史清华．不平等之再检验：可行能力和收入不平等与农民工福利［J］．管理世界，2013（10）．

［84］高强．土地承包经营权退出重在机制探索——基于农村改革试验区的试点调查［J］．农村工作通讯，2017（14）．

［85］刘同山．农户承包地的退出路径：一个地方试验［J］．重庆社会科学，2016（11）．

［86］宫嶋博史．东亚小农社会的形成［J］．开放时代，2018（1）．

［87］田毅鹏，夏可恒．作为发展参照系的东亚——"东亚模式"研究40

年［J］．学术研究，2018（10）.

［88］关谷俊作．日本的农地制度［M］．北京：生活·读书·新知三联书店，2004.

［89］李仙娥，王春艳．国外农村剩余劳动力转移模式的比较［J］．中国农村经济，2004（5）.

［90］肖绮芳．日本城市化进程中农地制度改革及相关农民社会保障制度演进与启示［J］．东北亚论坛，2008（2）.

［91］高强，孔祥智．日本农地制度改革背景、过程及手段的述评［J］．现代日本经济，2013（2）.

［92］王建宏．韩国农地改革之再评价［J］．江汉学术，2015（4）.

［93］郑文燮．中韩农村土地制度比较研究［D］．沈阳：辽宁大学博士学位论文，2000.

［94］马晓春，宋莉莉，李先德．韩国农业补贴政策及启示［J］．农业技术经济，2010（7）.

［95］周云飞，赛云秀，惠晓翠．韩国"新村运动"对中国农村土地改革的启示［J］．世界农业，2018（4）.

［96］单玉丽．台湾三次农地改革：动因、措施、成效与启迪［J］．台湾研究集刊，2010（4）.

［97］舒萍，汪立峰．对台湾二十世纪两次土地改革的再思考——基于新制度经济学理论的分析［J］．台湾研究，2008（1）.

［98］张飞雪．经济增长与分配平等：台湾经验的探讨［J］．北京行政学院学报，2014（3）.

［99］王诚．中国大陆与台湾的离农就业及其分配效应分析［J］．浙江社会科学，1999（3）.

［100］周向阳，赵一夫．台湾农业劳动力结构变化：趋势，应对策略及

对大陆的启示［J］. 农业经济，2016（1）.

［101］赵一夫，薛莉. 台湾地区农地制度改革的做法及政策启示［J］. 经济纵横，2016（3）.

［102］邓大才. "小承包大经营"的"中农化"政策研究——台湾"小地主大佃农"制度的借鉴与启示［J］. 学术研究，2011（10）.

［103］安增军，张昆. 海峡两岸农地改革的比较与借鉴［J］. 亚太经济，2014（6）.

［104］宋文献，罗剑朝. 台湾农地金融制度及其对大陆的借鉴作用［J］. 洛阳师范学院学报，2003（4）.

［105］谭峻. 台湾地区第二次农地改革之启示［J］. 中国土地科学，2014（4）.

［106］何萍，李伟伟. 台湾"小地主大佃农"政策研究［J］. 世界农业，2013（7）.

［107］贺雪峰. 谁的乡村建设——乡村振兴战略的实施前提［J］. 探索与争鸣，2017（12）.

［108］滕亚为. 户籍改革中农村土地退出补偿机制研究——以重庆市为例［J］. 国家行政学院学报，2011（4）.

［109］克劳斯·丹宁格. 促进增长与缓减贫困的土地政策［M］. 北京：中国人民大学出版社，2007.

［110］Awasthi M. K. Socioeconomic Determinants of Farmland Value in India［J］. Land Use Policy，2014（39）.

［111］Brummer B.，J. P. Loy. The Technical Efficiency Impact of Farm Credit Programmes：A Case Study of Northern Germany［J］. Journal of Agricultural Economics，2000，51（3）.

［112］Burgess R. Land，Welfare：Theory and Evidence from China［R］.

London School of Economics, London: 2001.

[113] Csaki C., A. Valdes, A. Fock. The Estonian Rural Sector : The Challenge in Preparing for EU Accession [K] . No. 5. World Bank, Environmentally and Socially Sustainable Development Sector of Europe and Central Asia, Washington, D. C: 1998.

[114] Deininger K., M. Maertens, P. Olinto, F. Lara. Redistribution, Investments and Human Captial Accumulation: The Case of Agrarian Reform in the Philippines [R] . World Bank Discussion Paper. Washington D. C: 2002.

[115] Deininger K., Jin. S. Land Sales and Rental Markets in Transition: Evidence from Rural Vietnam [J] . Oxford Bulletin of Economics and Statistics, 2008 (70) .

[116] Hayami Y., K. Otsuka. The Economics of Contract Choice : An Agrarian Perspective [M] . Oxford, U. K. ; New York; Toronto; and Melbourne: Oxford University Press and Clarendon Press, 1993.

[117] Rozelle S., L. Brandt, L. Guo, J. Huang. Land Rights in China: Facts, Fictions, and Issuses [J] . China Journal, 2002, 47 (1) .

[118] Zollinger B., Krannich R. S. Factors Influencing Farmers' Expectations to Sell Agricultural Land for NonAgricultural Uses [J] . Rural Sociology, 2002 (67) .

附录1 进城务工人员问卷

您好！

我们是湖南农业大学进城务工人员现状调查课题组，本次调查的目的是了解进城务工人员的现状，以供学术研究和向政府提供政策建议。真诚感谢您的合作！

调查对象条件：农业户口，在城市从事非农产业活动，每个家庭调查1人，年龄在16岁及以上。

A. 个人基本情况

A1. 您的出生年月：19_____年_____月

A2. 您的性别：①男；②女

A3. 您的户籍所在地：_____省_____市/县/区_____乡/镇_____村

A4. 您现在的常住地（工作地点）：_____省_____市/县/区_____街道/乡镇_____社区

A5. 您的教育程度：①没受过任何教育；②小学；③初中；④高中；⑤中专；⑥大专；⑦本科及以上

A6. 您是否拥有专业技能：①是；②否

A7. 如您拥有专业技能，您的专业技能是（可多选）：①电工；②焊工；③钳工；④木匠；⑤油漆工；⑥厨师；⑦理发师；⑧其他（请注明）_____

A8. 您的健康状况：①很健康；②比较健康；③一般；④比较不健康；⑤很不健康

A9. 您的婚姻状况：①未婚；②已婚住在一起；③已婚不住在一起；④离婚；⑤丧偶；⑥其他

A10. 您对自己的生活感到满意吗？①极其满意；②非常满意；③比较满意；④不太满意；⑤一点儿也不满意

B. 城市定居意愿与土地处置

B1. 您家有_____亩耕地

B2. 您家现在的耕地由谁耕种？①父母耕种；②其他亲戚朋友代耕；③流转给本村农户经营；④流转给外来大户或企业经营；⑤抛荒

B3. 2015 年您家的耕地经营收入有____元，大约占您全家收入的____%

B4. 您将来准备在哪里定居（即买房和落户）：①务工当地的城市；②老家县城；③老家农村；④其他_____；⑤不知道

B5. 您认为在城市定居面临的主要困难（可多选）：①住房；②小孩教育；③工作不稳定；④没有各种社会保障；⑤难以融入城市生活；⑥其他_____

B6. 如果您在城市定居了，准备如何处置您的承包地：①自己依然留着；②给亲戚朋友；③和房子一起卖给别人；④退给村集体；⑤其他_____

B7. 如果您现在想卖出自家的承包地，您觉得会有人买吗？①有人买；②没人买。如果有人买，您觉得您家的承包地每亩可以卖_____元（不清楚的填"8"）

B8. 如果您在城市定居了，愿意将承包地退给村集体吗？①不愿意；②不确定；③愿意

B9. 您不愿意将承包地退给村集体的原因是（可多选）：①承包地是我的财产，没有补偿不会退出；②承包地是我最后的保障；③承包地留着自己多个选择；④政策不清晰；⑤其他_____

B10. 您愿意将承包地退给村集体希望得到什么补偿？（可多选）①经济补偿；②养老保险；③城市住房、子女教育等福利；④其他_____

B11. 如果将承包地退给村集体有经济补偿，每亩补偿多少钱您就愿意将自家的承包地退给村集体？_____元/亩

B12. 如果国家有政策，您退出承包地可以换取养老保险，您愿意吗？①愿意；②不愿意。如果不愿意，原因是_____

B13. 您认为，承包地属于：①国家所有；②集体所有；③我自己所有

B14. 您老家住房的建筑面积是_____平方米

B15. 您老家住房是平房还是楼房？①平房；②楼房

B16. 您老家现在的住房：①父母或妻子孩子住；②租给别人住；③闲置

B17. 您老家现在有几个宅基地？①1个；②2个；③3个及以上。您家宅基地面积总计_____平方米

B18. 如果您在城市定居了，准备如何处置您的宅基地：①自己依然留着；②给亲戚朋友；③和房子一起卖给别人；④退给村集体；⑤其他_____

B19. 如果您现在想卖出自家的住宅，您觉得会有人买吗？①有人买；②没人买。如果有人买，您觉得您家的住宅可以卖_____元（不清楚的填"8"）；如果加上承包地，您家的住宅可以卖_____元（不清楚的填"8"）

B20. 如果您在城市定居了，愿意将宅基地退给村集体吗？①不愿意；②不确定；③愿意

B21. 您愿意将宅基地退给村集体希望得到什么补偿？（可多选）①经济

补偿；②养老保险；③城市住房、子女教育等福利；④其他_____

B22. 如果将宅基地退给村集体有经济补偿，每平方米补偿多少钱您就愿意将自家的宅基地退给村集体？ _____元/平方米

B23. 如果政府有政策，您退出宅基地可以换取当地城镇住房，您愿意吗？①愿意；②不愿意。如果不愿意，原因是_____

B24. 您认为，宅基地属于：①国家所有；②集体所有；③我自己所有

C. 工作及保障情况

C1. 您目前的工作状态：①有工作；②没工作

C2. 您通过什么方式找工作？（可多选）　①请亲戚朋友帮忙介绍；②通过职业中介机构介绍；③参加用人单位招聘或招考；④利用网络及其他媒体求职；⑤其他（请注明）_____

C3. 您在务工地与他人沟通（主要是下班以后）使用最多的语言是：①当地方言；②普通话；③家乡方言

C4. 您是否通过媒体（包括电视、网络、报纸、微博和微信等）关注务工所在地新闻事件：①经常；②偶尔；③从不

C5. 您认为目前找工作最大的困难是：①户口；②学历；③技术；④缺乏招工信息；⑤无困难；⑥其他_____

C6. 近五年您一共换过几次工作？①0 次；②1 次；③2 次；④3 次；⑤4 次；⑥5 次及以上

C7. 您目前从事工作的行业：①建筑业；②纺织、服装业；③电子、机械制造业；④饮食行业；⑤商业；⑥服务业；⑦交通运输业；⑧环境卫生；⑨其他（请注明）_____

C8. 您目前工作单位的性质：①国有；②集体；③外资；④合资；⑤股份制；⑥私营；⑦个体；⑧居民家庭

C9. 您目前的岗位：①操作工；②现场管理；③办事员；④销售员；⑤高级管理；⑥企业主；⑦其他_____

C10. 您在该企业的工作时间：①半年以内；②半年至 1 年；③1～2 年；④2～3 年；⑤3 年以上

C11. 您一天工作多少小时？①6 小时以内；②6～8 小时；③8～10 小时；④10～12 小时；⑤12～14 小时；⑥14 小时以上

C12. 您每月通常休息____天；休息时的主要休闲方式：_____

C13. 您个人平均每月的经济收入（包含工资、奖金和实物）：_____元是否包吃？①是；②否。是否包住？①是；②否

C14. 你是否遭遇过工资拖欠：①从来没有；②偶尔；③经常

C15. 您个人每月的开支大约：_____元

C16. 您在单位参加了以下哪几种社会保险？（可多选）①养老保险；②医疗保险；③失业保险；④工伤保险；⑤生育保险；⑥综合保险；⑦其他____；⑧没有参加任何社会保险

C17. 您单位是否有工会组织？①有；②没有。您是否参加？①是；②否

C18. 您的政治面貌是：①中共党员；②中共团员；③民主党派成员；④一般群众

C19. 您是否在务工城市参加过党团组织的政治生活：①经常；②偶尔；③从未

D. 家庭及子女教育、住房状况

D1. 您家有_____口人

D2. 您的子女数目：①无子女（跳到 C8 题）②1 个；③2 个；④3 个；⑤3 个以上

D3. 您子女居住地：① 和您住一起（_____ 个）；② 仍在老家

（_____个）；③其他地方

D4. 义务教育年龄的子女就学于（可多选）：①务工当地的公办学校；②民工子弟学校；③老家学校；④失学

D5. 目前子女在务工当地就学遇到的主要困难（可多选）：①学费太贵；②公办学校进不去；③将来升学问题；④附近没有合适学校；⑤其他_____

D6. 2014 年，您在子女教育方面的实际花费：_____元

D7. 您对子女受教育程度的期望：①初中；②高中；③中专；④大专；⑤大学本科；⑥研究生及以上；⑦无所谓

D8. 您家里是否有 60 岁以上的老年人？①有；②没有

D9. 老人现在主要居住在：①老家乡村；②老家城镇；③和您在一起；④其他地方

D10. 老人主要由谁照顾：①兄弟姐妹；②亲戚朋友；③邻居；④自己；⑤其他_____；⑥老人自理

D11. 最近一年中您回过_____次老家。

D12. 最近一年内您给老家的经济支持累计总额是：①0 元；②1000 元以内；③1000～5000 元；④0.5 万～1 万元；⑤1 万～2 万；⑥2 万元以上

D13. 您现在城市务工居住的地方：①工棚；②单位宿舍；③出租房；④寄住亲友家；⑤自己买的房子；⑥雇主家；⑦其他_____

D14. 与您同住的家人有_____个，平均每人居住面积为_____平方米

D15. 您及您同住的家人平均每月为居住共支付_____元

D16. 您在务工城市的买房计划：①已买房；②计划 3～5 年买房；③计划 5～10 年买房；④不打算买房

D17. 您务工城市现在的房价均价为_____元/平方米

D18. 您觉得您在当地受到歧视吗？①几乎没有；②有过；③经常；④说

不清

　　D19. 为便于回访，请告知您的手机号码：＿＿＿＿＿＿＿

　　谢谢您！

调查员姓名：＿＿＿＿＿＿＿

调查员电话号码：＿＿＿＿＿＿＿

附录 2 村庄问卷

A. 村庄基本情况

A1. 村庄所在地：_____省_____市/县/区_____乡/镇_____村

A2. 村庄离县城有_____公里，离乡镇政府驻地有_____公里

A3. 村庄总户数：_____户，总人口数：_____人；全家外出总户数：_____户，全家外出总人口数：_____人；劳动力总数：_____人，外出务工劳动力总数：_____人

A4. 村庄行政面积：_____平方公里，其中平原占：_____%，丘陵占：_____%，山地占：_____%

A5. 村庄农用地面积：_____亩；耕地总面积：_____亩，其中水田：_____亩，旱地（土）：_____亩；建设用地面积：_____亩，其中宅基地面积：_____亩

A6. 2014 年村庄人均纯收入：_____元，其中农业生产纯收入占：_____%，打工及非农业经营纯收入占：_____%

B. 村庄耕地状况

B1. 村庄耕地在二轮承包中是怎样分给农户的？①按人口平均分配（人均_____亩）；②按劳动力平均分配（劳均_____亩）；③其他_____

B2. 现在村庄是否还保留了没有分配给农户的集体公地？①没有集体公地，全部分给农户；②保留有集体公地（_____亩）

B3. 近五年内，村庄耕地进行过调整吗？①调整过；②没有调整过

B4. 如果耕地进行过调整，以什么单位进行调整？①村民小组；②村委会

B5. 对发生以下情况的农户耕地村里实际是如何处理的？（在对应的选项打"√"）

	新生小孩	人死亡	嫁到外村	娶外村媳妇	外村迁入人口	户口迁出人口	户口没迁出，但全家已外出
收回耕地	—			—	—		
不管							
分给耕地		—	—			—	—

B6. 全家在城市已经定居（即买房和落户）的农户，他们的土地（包括耕地和宅基地）一般如何处理：①连同房屋一起卖给其他农户；②出租给其他农户种植；③退回给村集体；④其他_____

B7. 对于全家已经在城市定居的农户的土地，当地乡镇和村集体是如何处置的：①不管；②无偿收回；③有偿收回；④其他_____

B8. 城市定居农户将土地退给村集体，村集体和乡镇政府有能力给予经济补偿吗？①有能力补偿；②没有能力补偿

B9. 城市定居农户将土地退给村集体，您认为谁给予农户经济补偿比较可

行？①中央政府；②省级和县级地方政府；③村集体和乡镇政府；④受让农户；⑤中央政府、地方政府和村集体共同负担

B10. 如果您将土地退给村集体，您认为按照什么标准给予经济补偿比较合理：①政府征地标准；②土地经营收入标准；③土地市场租金标准；④第三方机构评估标准；⑤其他_____

B11. 现在全村有_____农户，共_____亩耕地发生了流转。流转给本村农户的耕地有_____亩，流转给外来大户的耕地有_____亩，流转给合作社的耕地有_____亩，流转给外来企业的耕地有_____亩

B12. 现在耕地流转的价格每亩_____元/年

B13. 村庄有_____户家庭其全部耕地都流转给外来大户和外来企业，流转期限一般_____年

B14. 村庄耕地流转给外来大户和外来企业，他们主要种植：①水稻；②蔬菜；③瓜果；④其他_____

B15. 家庭耕地全部流转给外来大户或外来企业后，家庭收入状况一般来说：①变好了；②差不多；③变差了

B16. 家庭耕地全部流转给外来大户和外来企业后，家庭劳动力现在：①外出打工（占_____%）；②在附近打零工（占_____%）；③赋闲在家（占_____%）；④其他_____

B17. 村庄耕地流转给外来大户或外来企业，村委会是否收取土地流转服务费？①不收取；②收取（每亩_____元）

B18. 村庄有抛荒的耕地吗？①没有；②有（_____亩）

B19. 农户耕地抛荒的原因（可多选）：①无人耕种；②经济上不划算；③水利设施不好；④土地太细碎化；⑤其他_____

B20. 对于农户抛荒的耕地，乡镇和村庄有什么措施：①收回土地；②取消农业补贴；③督促耕种；④不管

C. 村庄政治和社会状况

C1. 村庄党员总数：_____人；村庄专职干部：_____人；队组干部_____人

C2. 最近一次村庄党员会议是_____年召开；最近一次村民代表大会是_____年召开

C3. 村庄党员参加党员会议的积极性高吗？①很高；②比较高；③一般；④不高；⑤不愿意参加

C4. 村民代表参加村民代表大会的积极性高吗？①很高；②比较高；③一般；④不高；⑤不愿意参加

C5. 村庄有没有实行"一事一议"制度？①有；②没有

C6. 村庄道路、桥梁、农田水利等公共设施的建设主要资金来源（可多选）：①上级财政拨款；②别人捐赠；③"一事一议"；④其他_____

C7. 村庄人口最多的三大姓氏占全村总人口数的比例分别是：第一大姓氏：_____%；第二大姓氏：_____%；第三大姓氏：_____%

C8. 村庄有哪些文化公共设施？（可多选）①村级文化室；②农家书屋；③体育健身器材；④其他_____

C9. 村庄有没有组织以本地村民为主要参与者的文化/节庆活动？①没有；②偶尔有，但不规则；③有，而且定期举办

C10. 现在农民最主要的休闲娱乐活动（可多选）：①打牌；②串门聊天；③广场舞；④看电视；⑤其他_____

C11. 现在村庄内部的矛盾纠纷多吗？①多；②不多。现在村庄内部最多的三类矛盾是：_____、_____、_____

C12. 现在村干部最主要的三项工作是：_____、_____、_____；现在村干部感觉最困难的工作是：_____

C13. 为便于回访，受访村干部的电话号码：＿＿＿＿＿＿

D. 村庄财务状况

D1. 村庄现在有债务吗？①没有；②有（＿＿＿＿＿万元）

D2. 如果有村庄债务，债务主要来源于（可多选）：①农业税费时期的财政上交；②公共建设；③日常开支的入不敷出；④其他＿＿＿＿＿＿

D3. 除上级财政拨款，现在村庄是否还有集体经济收入：①没有；②有

D4. 村庄如果有集体经济收入，收入主要来源于（可多选）：①集体土地、房屋及其他财产出租收入；②村办企业收入；③土地流转服务费；④其他＿＿＿＿＿＿

D5. 村庄作为土地所有者，您认为可以向承包土地的农户收取土地租金吗？①不可以；②可以

D6. 如果您认为村庄不可以向承包土地的农户收取土地租金，原因是什么？①中央政策不允许；②农户不愿意交；③村庄收取很困难；④其他原因＿＿＿＿＿＿

D7. 2015 年村庄收支状况

2014 年收入项目	收入金额（元）	2014 年开支项目	开支金额（元）
上级财政拨款		村干部工资	
上级项目资金		队组干部工资	
出租土地、房屋及其他财产收入		日常办公开支	
土地流转服务费		招待及应酬费	
"一事一议"筹资		公共建设开支	
村办企业收入		其中：修路架桥	
贷款		农田水利	

续表

2014 年收入项目	收入金额（元）	2014 年开支项目	开支金额（元）
捐赠		饮水设施	
其他：_____		办公设施	
		其他：_____	
2014 年收入合计		2014 年支出合计	

谢谢您！

调查员姓名：_____

调查员电话号码：_____